하찌의
육아일기

대한민국에서 할아버지로 사는 즐거움

하찌의 육아일기

이창식

터치아트

육아 문제로 고민하는 많은 분들과 제 경험을 나누고 싶습니다.

그리고 우리 예쁘고 귀여운 외손자 재영이한테

이 책을 선물합니다.

책머리에

액자 속의 흑백사진에서 딸아이는 아직도 강아지 인형을 가슴에 안은 채 입을 커다랗게 벌리고 말간 침을 쪼르륵 흘리며 웃고 있는데, 세월은 화살처럼 빠르게 흘러 눈 깜짝할 사이에 30여 년이 훌쩍 지나 버렸다. 그 아이가 자라 어느새 대학을 졸업하고, 취직을 하고, 결혼을 하더니, 마침내 아들까지 쑥 낳았다. 힘들게 딸 키워 시집보내고 나면 좀 편해질까 했더니, 그러기는커녕 오히려 일이 더 늘었다고 투덜대면서도 아내는 외손자가 예쁘고 귀여운지 연신 싱글벙글 입을 다물지 못한다.

딸아이 직장은 서울이고 사위 직장은 오산인지라 대구 사돈댁에는 아이를 맡기기가 어려워 재영이는 자연히 우리 차지가 되었다. 내 인생은 내 인생, 자식 인생은 자식 인생이라고들 하기도 하지만, 맞벌이 부부인 딸과 사위가 아이 맡길 데 없어 쩔쩔매는 걸 보며 부모 된 처지에 모르는 체할 순 없다고 생각한 아내가 딸아이한테 "내가 키워 줄게." 하며 손을 내밀었던 모양이다. 귀여운 외손자의 재롱을 보며 사는 것을 만년의 홍복이라 믿고 있는 나도 쌍수를 들어 환영할밖에. 요즘 세상에 아무나 누릴 수 있는 복도 아니다. 키우는 재미만으로도 충분히 즐겁고 행복할 텐데 그 이상 뭘 더 바라겠는가? 이미 차고도 넘치는 것을.

2013년 봄

하찌

딸아이의 출산휴가가 마침내 끝났다.

2012년 1월 25일 수요일

딸아이의 출산휴가 1년이 마침내 끝났다. 덕분에 요즘 우리 부부는 아침마다 아파트 주차장에서 천사를 영접하게 되었다. 그게 누구냐 하면 바로 우리 잘생긴 외손자 재영이다. 출근길에 아들을 맡기려고 들른 아범의 자동차에서 곤히 잠든 녀석을 안아내리면서 얼굴을 들여다보면 천사가 따로 없다. 속눈썹이 얼마나 긴지 발등을 쓸 지경이고, 오똑한 코와 꼭 다문 입은 앙증맞기 그지없다. 아범 회사가 오산에 있기 때문에 녀석은 아침마다 성남시 정자동에서 외갓집이 있는 용인시 동천동으로 실려 와야 한다. 어미는 서울로 출근하는 이른바 맞벌이 부부다. 덕분에 우리 노부부는 만년이 바빠졌지만 그래도 마냥 즐겁다. 아침마다 예쁜 천사를 영접하게 되었으니까.

1월 27일 금요일

아기가 하는 짓은 예쁜 짓이나 미운 짓이나 다 예쁘다. 웃어도 귀엽고 울어도 귀엽다. 용한 짓을 해도 신통해 보이고 어리석은 짓을 해도 신통해 보인다. 무슨 짓을 해도 다 사랑스럽다. 사랑의 본질은 바로 이런 게 아닐까? 외손자한테 푹 빠져서 이따금 남편 조석도 뒷전이 돼버린 아내를 보면서 나는 그녀가 아주 예쁘게 늙어가고 있다는 생각이 들었다. "내 인생도 소중하다."면서 아기를 맡길 데 없어 쩔쩔매는 딸의 어려운 처지를 나 몰라라 하는 어미보다는, 힘들어하면서도 날마다 외손자와 씨름하는 그녀가 내겐 훨씬 더 아름다워 보인다. 그래서 앞으로는 아내가 짜증을 부려도 웬만하면 다독거리고 힘닿는 데까지 도와줄 생각이다. 하지만 나도 짜증나면 못 참는 성질이라 마음먹은 대로 될지는 솔직히 잘 모르겠다. 하지만 아내 인생이 곧 내 인생이고, 내 딸의 인생도 내 인생이고, 우리 사위와 외손자 재영이의 인생도 틀림없는 내 인생이고, 그것들을 모두 합친 것이 다름 아닌 바로 나일 거라는 생각을 하게 된다.

1월 28일 토요일

요즘 재영이한테 밥 한 끼 먹이려면 아내는 녀석 꽁무니를 쫓아 온 집 안을 서너 바퀴쯤 돌아야 한다. 의자에 앉혀놓고 먹이면 금방 내려오겠다고 앙탈이고, 바닥에 내려놓으면 그때부터 밥 한 그릇 다 먹을 때까지 사방으로 기어 다니며 온갖 장난을 다 친다. 배고프면 자기만 손해라는 이치를 알 리 없는 돌바기다 보니 답답한 건 외할머니다. 녀석의 꽁무니를 졸졸 따라다니며 밥을 먹일 수밖에 없다. 잘 받아먹기나 하면 좋을 텐데 입 근처로 숟가락만 가져가도 도리질이다. 궁리 끝에 아내와 나는 묘수를 하나 짜냈다. 내가 장난감 같은 걸로 녀석의 주의를 빼앗는 순간 아내가 재빨리 숟가락을 녀석의 입에 들이미는 것이다. 그러면 얼떨결에 입을 벌리곤 했다. 그런데 이 수법도 몇 차례 가지 않았다. 장난감으로 주의를 빼앗아도 녀석은 더 이상 숟가락 공격에 입을 벌리지 않았다. 아내와 나의 수법도 자연히 진일보할밖에. 이번엔 녀석의 주의만 빼앗는 것이 아니라 동작도 함께 유도했다. 녀석이 손으로 동화책 책장을 넘기거나 장난감을 동작하게 만들고 그 순간을 이용하여 숟가락을 들이미는 수법이었다. 이건 효과가 좀 오래갔다. 언제 또 도리질을 할지는 몰라도 아직은 입을 딱딱 벌리고 있다.

1월 30일 월요일

돌 이전 아기들의 빨리 기어가기 시합 같은 건 어디서 안 하나? 만약 그런 시합이 있다면 금메달은 우리 재영이 몫이 틀림없다. 왼쪽 발바닥으로 방바닥을 밀며 오른쪽 무릎으로 기어가는데, 한창 신날 때면 속도가 우사인 볼트 저리 가라다. 녀석 눈엔 운동장처럼 커다래 보일 거실을 순식간에 한 바퀴 돌아버린다. 퇴근길에 들른 제 아범이나 어멈이 현관문을 열고 들어올 때는 그 속도가 더 빠르다. 돌이 가까워 오면서 가끔 벌떡 일어서기도 하고 주위의 물건을 붙잡고 위태위태하게 걸음을 떼놓기도 하더니, 그저께는 마침내 사고를 치고 말았다. 아범 어멈이 잠시 한눈판 사이에 옆으로 미끄러져 자빠지며 오른쪽 눈 아래가 가구에 부딪쳐 푸르스름한 멍이 들었다는 것이다. 아침에 녀석을 맡기러 온 아범이 슬금슬금 내 눈치를 보는데 아무 말도 못했다. 우리도 언제 그런 일을 당하게 될지 모를 만큼 녀석의 동작이 요즘 부쩍 위태로워졌기 때문이다.

2월 1일 수요일

재영이 돌이 사나흘 뒤로 다가왔다. 졸려 못 견뎌하면서도 안 자려고 온갖 재롱을 떨어대는 녀석을 잠재우는 요령을 나는 하나 터득했다. 잠들지 않으려고 저항하는 녀석의 의지를 약화시키기 위해서는 5분 정도의 준비 과정이 필요한데, 플라스틱 자동차에 태워 거실을 천천히 열 바퀴쯤 돌며 자장가를 약간 지루하게 불러주는 것이다. 녀석이 차를 탄 채 깜박깜박 졸면 가슴에 포근하게 감싸 안고 소파에 앉아 등을 토닥이며 자장가를 불러주면 폭 잠든다. 나의 따스한 체온과 규칙적인 심장박동, 최면성 강한 자장가 소리와 토닥임이 녀석에게 안정감을 주는 것 같다.

잘 자라 우리 아기 앞뜰과 뒷동산에
새들도 아가 양도 다들 자는데
달님은 영창으로 은구슬 금구슬을 보내는 이 한밤
잘 자라 우리 아기, 자거라

재영이는 자장가도 좋아하지만 〈엄마야 누나야〉나, 〈섬집 아기〉 같은 노래도 좋아한다. 품에 포근히 감싸 안고 등을 토닥이며 자장가와 이런 노래들을 한 차례씩 불러주면 깊은 잠 속으로 빠져든다. 그땐 이부자리 위에 굴려도 깨어나지 않는다. 녀석을 엎어놓고 담요로 다리 부분만 살짝 덮어준다. 조금만 더워도 땀을 흘리기 때문이다.

2월 5일 일요일

재영이 첫돌 날. 간밤엔 대구에서 올라오신 친할아버지와 할머니 앞에서 재영이가 온갖 재롱을 다 떨었다고 하는데, 정작 오늘은 컨디션이 좀 나빴다. 삼성동 오크우드 호텔 지하 한 작은 연회실에 모인 70여 명의 가족 친지들이 모인 앞에서 돌잔치 게임을 하는데 자꾸만 짜증내며 칭얼거렸다. 부를 상징하는 엽전과 무를 상징하는 활, 문을 의미하는 붓, 권력을 상징하는 마패, 예기를 뜻한다는 색지 두루마리 중 하나를 골라잡으라고 아무리 달래고 얼러도 끝까지 밀어내며 거부했다. 그러더니 결국 잔치가 끝나자 신열이 오르며 탈이 나고 말았다. 아무래도 안 되겠다 싶어 아범 어멈이 아이를 데리고 분당 삼성병원 응급실로 달려갔다. 일요일이라 병원들이 다 쉬기 때문이었다. 밤 10시가 넘어 돌아온 아범은 가벼운 감기 몸살이라고 했다. 어른들 욕심 때문에 아이한테 괜한 고생을 시킨 것 같았다. 태어난 지 1년밖에 안 된 아이한테 문무가 뭐며 부귀영화가 대체 뭐란 말인가. 다 어른들 욕심이지. 그런 것은 커가면서 천천히 선택해도 된다.

2월 6일 월요일

어린것의 체온이 38~39도를 오르내리고 몸이 아픈지 꿍꿍 앓기까지 한다. 잠을 못 자고 칭얼대는 바람에 어른들까지 잠을 설쳤다. 그렇게 쾌활하고 잘 웃던 녀석이 아파하며 칭얼대니까 보기에도 애처롭다. 하필 오늘이 바깥사돈 생신이라 딸 내외는 생일상 차리러 정자동 아파트로 돌아갔다. 집사람이 칭얼대는 외손자를 달래며 미음을 한 숟가락이라도 더 먹이려고 온종일 전전긍긍했다. 오후가 되자 열이 37도까지 내리며 아이가 조금 기운을 차리는 것 같았다. 외할머니가 떠먹이는 미음도 한 종지 받아먹고 내가 플라스틱 자동차를 태워주다가 가슴에 보듬어 재웠더니 곧 잠이 들었다. 이부자리에 눕히자 두어 시간을 내리 잤다. 저녁에 제 엄마 아빠도 돌아오자 아이는 한결 명랑해졌다.

2월 7일 화요일

"아빠 재영이는 좀 어때용?" 딸아이가 아침에 회사 출근하자마자 휴대폰으로 문자를 보내왔다. 어미라고 밤새 새끼가 걱정되었던 모양이다. 간밤엔 아이 컨디션을 감안해서 정자동에 데려가지 않고 외갓집에서 재웠던 것이다. "밤에 몇 번 칭얼대긴 했지만 잘 잤고 지금은 외할머니한테 미음을 한 종지 얻어먹고 잘 놀고 있다. 열도 37도까지 내렸고."라고 답신하자 "네 알았어용. ^^" 하는 응답이 바로 날아왔다. 그렇지만 아이는 낮 동안에도 미열이 계속 있었고, 그 명랑하던 녀석이 기운을 잃고 외할머니 등에서 떨어지려 하지 않았다. 그러다가 낮잠을 실컷 잔 뒤 저녁 무렵이 되어서야 기운을 좀 차리는 듯 하더니, 아범이 퇴근길에 들르자 활기가 완전히 되살아났다. 외갓집에서 하루 더 재우기로 했는데, 밤이 되자 내 이부자리 위에서 앞으로 뒤로 엎어지고, 엎드려서 다리 사이로 내다보는 등 온갖 재롱을 부리기 시작했다. 재영이 돌아오다.

2월 8일 수요일

열은 내렸지만 아이가 기운이 없다. 한 이틀 된통 앓은 뒤라 얼굴이 파리하고 살도 좀 빠진 것 같다. 어젯밤 아범이 다녀간 뒤엔 그렇게 팔팔하던 녀석이 움직임도 느릿하고 식욕이 없는지 밥도 잘 안 먹는다. 아내와 내가 공동작전으로 동화책도 읽어주고 장난감으로 주의를 끌기도 하면서 간신히 미음 반 공기와 초유 섞은 우유를 먹였다.

월, 수, 금요일은 아내가 오후에 수영을 가는 날이다. 화, 목, 토요일은 새벽에 수영을 한다. 외손자를 돌보면서도 좀처럼 수영을 빼먹지 않는 아내가 대견하다. 수영을 다녀올 동안은 내가 재영이를 돌봐야 한다. 새벽엔 대개 잠든 상태로 넘겨받으니 별문제 없고, 오후에도 점심을 먹인 후 재우기만 하면 되니까 크게 어려울 건 없다. 플라스틱 자동차에 태워 스무 바퀴쯤 돌린 뒤 가슴에 품고 소파에 기대앉아 한 손으로 엉덩이를 받치고 다른 손으로 등을 토닥이며 노래를 불러주면 금방 잠든다. 녀석이 얼굴을 반짝 쳐들고 생긋 웃으면 아직 졸리지 않다는 뜻이니 조금 더 놀다가 처음부터 다시 시작해야 한다. 실컷 자고 나서 오후가 되자 녀석은 생기를 되찾았다. 거실을 발발 기어 다니기도 하고 벌떡 일어나 서너 발짝씩 떼기도 했다. 우와, 하고 박수를 쳐주면 기고만장해서 씨익 웃는다. 돌이 지났는데 걸음이 좀 더딘 편이다. 저녁에 아범이 오자 녀석은 좋아서 우사인 볼트처럼 빠르게 기었다.

2월 9일 목요일

아침 지하 주차장에서 다시 천사 영접. 매번 콜콜 자던 녀석이 오늘 아침엔 말똥말똥한 눈으로 나를 보곤 생긋 웃었다. 아범 말로는 밤새 열도 없고 잘 잤다고 한다. 안고 올라와서 거실 소파에 앉아 토닥이며 재우자 금방 잠이 들었고, 새벽 수영을 마친 아내가 돌아와 나와 함께 아침 식사를 끝낼 때까지 내처 두어 시간을 잤다. 실컷 자고 난 녀석은 먹을 것을 다 먹더니 장난감을 온 방에 흩어가며 잘도 놀았다. 나중엔 옷장 서랍을 열고 안에 든 옷들을 다 꺼내어 흩어버린 뒤 그 안에 달랑 들어앉기까지 했다. 거기까진 좋았는데 오후로 접어들자 코에서 말간 콧물이 나오기 시작했다. 병원에 데려가야 하나 한참 고민하던 아내는 선험자인 대구 처형한테 전화를 걸어 상의하는 것 같았다. 그러더니 돌 갓 지난 아기를 병원에 자꾸 데려가 좋을 것 없다는 결론을 내린 모양이었다. 점심을 먹인 뒤 푹 재우기로 하고 그렇게 했는데, 푹 자고 난 뒤에도 녀석의 말간 콧물은 멎지 않았다. 결국 오후 5시가 되자 아내와 나는 아이를 차에 태우고 늘 다니던 소아과로 달려갔다. 의사는 가벼운 감기로 진단하고 기침 콧물을 멎게 하는 시럽 두 종류를 처방했다. 퇴근길에 들른 아빠 품에 안겨 엄마한테 돌아가야 하는데, 찬 바람 쐬어 좋을 것 없다고 재영이는 오늘 밤도 외할머니 곁에서 자게 되었다.

2월 10일 금요일

콧물 기침약을 먹였지만 아무 효과가 없다. 어린것이 가엾게도 종일 말간 콧물을 흘리며 이따금 기침까지 콜록콜록 했다. 그래도 워낙 밝은 성격이라 생글생글 웃으며 활발하게 기어 다니는데, 내가 코찔찔이라고 놀리자 말귀를 알아듣기나 한 듯 못난이 인형처럼 입을 삐쭉 내밀며 오만상을 찌푸려 보여 아내와 나는 폭소를 터트렸다. 그러다가 다시 거실을 뽈뽈 기어 다니며 잘도 놀았는데, 어느 한 순간 팔을 헛짚어 앞으로 폭 꼬꾸라지며 턱을 바닥에 콩 찧고 말았다. 자지러지는 녀석을 내가 얼른 안아 올려 달랬지만 너무 아픈지 한참 동안 울어댔다. 조그마한 턱을 어디 주무를 데도 없고 쩔쩔매며 달래다가 울음을 그친 뒤 살펴보았더니 약간 발그레하긴 하지만 멍이 들 것 같진 않았다. 엎친 데 덮친 격이라고 감기 몸살에 컨디션도 좋지 않은데 턱까지 찧었으니 정말 가엾다. 물론 안 찧었으면 좋았겠지만 꼭 찧어야겠다면 압축 스펀지를 깔아놓은 위에서나 찧을 것이지 하필이면 왜 목재 바닥에다 콩 찧느냐 말이다. 눈앞에서 순식간에 벌어진 일이라 말릴 겨를도 없었다. 그렇지만 워낙 명랑한 녀석이라 실컷 울고 난 뒤에는 다시 깔깔거리며 온 방 안을 기어 다녔다. 추운 날씨에 아픈 녀석을 보내기가 좀 애처로웠지만 주말이라 아범 어멈이 집에서 쉬고, 우리가 아무리 알뜰살뜰 보살핀들 제 부모만 하랴 싶어서 정자동으로 보냈다.

2월 13일 월요일

아침에 녀석을 살펴보니 주말 이틀 동안 아빠 엄마랑 즐겁게 지내고 감기까지 말끔하게 나은 듯했다. 아이를 내게 건네주며 아범이 전날 녀석을 목욕시키다가 고추에 똥이 말라붙어 있어서 좀 세게 문질렀더니 고추 끝이 빨개졌다고 보고했다. 괜찮겠지 뭐, 하고 아범을 안심시켜 보낸 뒤 아파트 거실로 안고 들어와서 살펴봤더니 정말 고추 끝이 발그레하게 부어 있었다. 전날 방바닥에 찧은 턱을 살펴보니 거기도 파르스름한 멍이 잡혀 있었다. 감기 몸살에다 턱 찧기에다 고추까지 부어올랐으니, 어린 녀석에겐 시련의 연속이었던 셈이다. 수영을 하고 돌아온 아내한테 사위가 한 말을 그대로 전했더니, "쬐끄만 꼬추 씻을 게 뭐 있다고, 제 거나 잘 씻지!" 해놓고는 말이 너무 심했다 싶었던지 까르르 웃었다. 나도 같이 허허 웃을 수밖에. 에이, 쯧쯧, 장모란 사람이.

2월 14일 화요일

걸음마를 시작하면서 입이 부쩍 시끄러워졌다. 발음이 서투르나마 엄마, 아빠, 아가, 어부바 등의 말도 하기 시작했다. 그 밖의 말들은 따따따따, 때때때때, 냥냥냥냥 하는 식으로 떠들어댔는데, 그 말투나 표정이 꼭 상대방에게 항의하며 따지고 드는 듯해서 나와 아내는 가끔 폭소를 터트리곤 했다. 녀석이 하도 따따거리며 따지니까 우리 부부는 번갈아가며 "그래그래, 니 말이 맞다." "암, 그렇고말고!" 하며 맞장구를 쳐주곤 했는데, 그럴수록 녀석은 짓이 나서 더 따따때때거렸다.

저녁에 사위가 장모 휴대폰으로 문자를 보내왔다. "장모님, 손자 보시느라 너무 힘드시죠? 정말 감사합니다." 아내가 감동해서 답장을 보내야겠는데 요즘 눈도 침침하고, 문자 찍는 솜씨도 서툴고 뭐라고 써야 좋을지도 모르겠다며 나더러 대신 답장해 달랬다. 아내의 충실한 비서인 나는 그녀의 휴대폰으로 이렇게 찍어 보냈다. "힘들어도 즐겁고 보람 있지. 생각해줘서 고맙네, 이쁜 우리 사위."

2월 16일 목요일

새벽에 재영이 우는 소리가 나서 안방으로 건너갔더니 배가 고파 운다고 아내가 말했다. 그래서 우유 먹일 준비를 하고 있었다. 서재 겸 내 침실인 문간방으로 돌아와 컴퓨터를 켜고 작업을 시작하자 문이 살며시 열리며 조그마한 머리가 밀고 들어왔다. 녀석 때문에 밤에 잠을 설쳤는지 아내가 내 방으로 살짝 밀어 넣은 듯했다. 외손자랑 한참 동안 같이 놀다가 품에 안고 토닥여서 재웠다. 아내는 안방에서 잠들었는지 조용했다. 재영이의 잠든 모습을 휴대폰으로 찍어 딸한테 보냈더니 잠시 후 답신이 왔다. "히힛 재영이 벌써 일어났어여? ㅎㅎ 두 조 서방이 없으니까 출근 준비 완전 여유 ~~ㅋㅋㅋ" 제 서방은 어젯밤 야근이었다는 소리였다. 정신과 전문의인 아범은 야근이 잦은 편이다. 신문사 기자인 딸아이도 늦게 퇴근하는 바람에 재영이는 어젯밤 외갓집에서 자야만 했다.

2월 17일 금요일

재영이가 어떻게 나오나 보려고 내가 아내를 끌어안았더니 "아앙!" 소리 내어 울며 두 팔을 앞으로 뻗고 발발 걸어왔다. 외할머니는 이제 자기 거니 손대지 말라는 소리였다. 외손자한테 마누라를 빼앗겼다고 농담하며 나는 껄껄 웃었다. 저녁에 아범이 퇴근해서 들렀을 때 나는 다시 한번 아내를 안으며 녀석의 태도를 보았다. 그런데 이번엔 울며 걸어오기는커녕 제 아빠 품에 안겨 생글생글 웃기만 했다. 이젠 아빠가 있으니 외할머니는 외할아버지가 도로 가져가도 좋다는 태도였다. 돌을 갓 지난 녀석이 요렇게 영악할 수가 있냐며 우리는 함께 웃었다. 녀석 때문에 웃을 일이 참 많다.

하지만 아기 보는 일이 노상 즐겁기만 한 건 아니다. 은근히 힘들고 진 빠지는 일이기도 하다. 오죽하면 "차라리 콩밭을 매지 아기는 안 본다."는 말이 나왔겠는가. 아이가 빨빨 기어 다니고 아장아장 걸어 다니기 시작하면 한순간도 눈을 뗄 수가 없다. 언제 무슨 사고가 터질지 알 수가 없기 때문이다. 빤히 지켜보고 있는 눈앞에서도 순식간에 턱을 쿵 찧기도 하니, 녀석이 움직일 때마다 아슬아슬한 심정으로 지켜봐야 한다. 위험이 예상되면 재빨리 달려가 반짝 안아내야 한다. 그전에는 무심코 보았던 집 안 가구들과 전자 전기 기구들도 아이가 움직이기 시작하고부터는 모두 무서운 흉기로 돌변한 것처럼 느껴진다. 가구들의 뾰족한 모서리와 서랍들, 전선과 소켓, 발등을 찧기 좋은 물건들이 도처에서 아기를 노리고 있다. 소파에 기어 올라가면 거꾸로 떨어질까 걱정이고, 가구 사이가 벌어져 있으면 아기가 끼일까 봐 걱정이다. 화장실 문도 꼭꼭 닫고 좌변기 뚜껑도 꼭꼭 닫아야 한다. 언제 기어 들어가 좌변기에 고인 물을 찰박이거나 거꾸로 처박힐지 알 수 없다. 도리질치는 녀석을 따라다니며 삼시 세 끼 먹이고 간식까지 챙겨 먹이는 일도 간단치가 않고, 똥오줌 쌀 때마다 기저귀 갈아주고 엉덩이 씻어주는 일도 저절로 되진 않는다. "진자리 마른자리 갈아 뉘시며 손발이 다 닳도록 고생하시네." 라는 양주동 선생님의 불후의 명시가 새삼 떠오른다. 이따금씩 찾아오는 사위와 딸도 거둬 먹여야 하고, 늘 뒷전이 되고 마는 남편도 굶길 순 없다보니 아내의 손에 물기가 마를 새가 없다. 우리 부모님도 이렇게 힘들게 우리를 키웠을 텐데, 그 수고로움을 천 분의 일, 만 분의 일이나마 알았던가 싶다. 재영이를 보며 그런 생각 하노라면 슬며시 자괴감이 든다. 우리 모두는 불효자식들이었다.

2월 20일 월요일

사위가 퇴근길에 들러 대구 아버님이 갑자기 쓰러지셨다는 소식을 전했다. 병원 응급실로 실려 갔는데 경과를 봐서 심각하면 대구로 당장 내려가야 할 것 같다는 것이었다. 재영이는 외갓집에서 잘 놀고 있으니까 걱정 말고 정자동 아파트로 가서 대구 내려갈 준비나 하라고 보냈다. 두어 시간 후 아범한테서 전화가 왔다. 아버님이 깨어나셔서 안 내려가도 될 것 같다는 얘기였다. 혈당치가 떨어져서 잠시 의식을 잃었지만 심각하진 않다고 했다. 그만하길 다행이다 싶었다.

2월 21일 화요일

매일 머리로 문을 밀며 외할아버지 방으로 기어 들어오던 재영이가 오늘 아침엔 손으로 방문을 밀고 아장아장 걸어서 들어왔다. 기록적인 날이다. 불과 며칠 사이에 약간 비틀비틀 하면서도 제법 잘 걷는다. 아가, 엄마, 아빠, 어부바 외에는 아직 말다운 말이 없긴 하지만 그 대신 벌소리가 엄청 늘었다. 뭔가 마음에 안 드는 일이 있으면 마치 따지고 들듯 따따따따 시끄럽게 떠들어대며 온갖 익살스런 표정까지 지어 보여 폭소를 자아내게 한다. 재영이가 없으면 이렇게 웃을 일이 뭐가 있겠나 싶은 생각이 들어 만년에 큰 선물이라도 받은 기분이다. 반면 생활 여건상 이런 즐거움을 마음껏 누리지 못하는 대구 사돈댁에는 미안한 감도 든다. 위로 딸 둘을 시집보낸 뒤 막내인 아들을 너무 멀리 장가보내는 바람에 손자 키우는 재미를 우리한테 양보한 셈이다. 바깥사돈은 연세도 나보다 많고 심심하고 쓸쓸할 텐데, 일 년에 한두 번씩 아들 집에 들러 손자를 안아보는 것으로 위안을 삼을 수밖에 없으니 좀 안쓰럽다. 안사돈은 시집간 딸이 낳은 외손녀를 키워봐서 그런지, 며느리에 대한 이해도 깊고 자기 대신 외손자를 키우는 우리 집사람에 대해서도 상당히 우호적이다. 이런저런 생각을 하면 할수록 우리 부부와 딸은 복이 참 많다 싶다.

2월 22일 수요일

서랍이나 통 속에 든 물건들을 꺼내어 방바닥에 흩어 버리는 것도 재영이한테는 게임이다. 녀석은 일삼아 플라스틱 통 안에 든 온갖 장난감과 레고 토막들을 하나하나 꺼내어 방바닥에 던져버리거나, 서랍을 열고 외할머니가 차곡차곡 개어 넣은 양말이나 손수건 등을 집어내어 사방으로 던져버리거나, 책꽂이에 꽂힌 동화책들을 모조리 뽑아 엉망으로 흩어버리곤 했다. 벽을 짚고 일어서거나 아장아장 걸어 다니고부터는 제 키에 닿는 건 무엇이든 끌어내리거나 손가락에 닿는 버튼은 무조건 눌러댔다. 그런 것도 아이한테는 놀이니까, 못 하게 하면 성격 나빠진다며 우린 말리지 않았다. 그러다 보니 외손자 녀석이 사방으로 돌아다니며 흩어놓은 물건들을 주워 담거나 정돈하는 것이 우리 부부의 일과가 되고 말았다. 그것까지는 좋은데 문제는 녀석이 내 서재까지 침입하여 책장에 꽂힌 먼지투성이 책들을 뽑아 던지기 시작한 것이다. 이사 올 때 책장을 대충 한 번 닦긴 했지만 몇 년 혹은 몇십 년 묵은 책들에 낀 먼지까지 일일이 닦을 수 없어 그대로 꽂아 둔 터였다. 그런 책들을 녀석이 하얀 고사리 같은 손으로 하나하나 뽑아 방바닥에 던지기 시작하는 데는 그냥 내버려둘 수가 없었다. 처음엔 걸레를 가져와서 책들을 일일이 닦고 책장도 닦아 보았지만 소용없었다. 오래된 책들은 책갈피 안에도 먼지가 끼어 있을 뿐만 아니라 종이가 삭아 바스러지는 것도 있었다. 결국 녀석의 키가 닿는 밑에서 두 칸까지는 책들의 표지를 걸레로 깨끗이 닦은 뒤 녀석이 당겨도 뽑히지 않을 만큼 책들을 빡빡하게 꽂을 수밖에 없었다. 그러자 녀석은 한두 차례 책을 당겨보고 뽑히지 않자 금방 포기하고 말았다. 그게 녀석의 성격에 어떤 영향을 미칠지는 알 수 없지만 일단 문제는 해결된 셈이었다.

2월 23일 목요일

새벽에 재영이 우는 소리가 나서 거실로 나가보니 녀석이 조리대 벽을 두 손으로 짚고 닭똥 같은 눈물을 뚝뚝 흘리며 대성통곡을 하고 있었다. 배가 고파 그런다고 아내가 말했다. 우유를 먹이려고 전자레인지에 넣었는데 고장이 나서 물을 끓여 데우고 있는 중이었다. 배는 고픈데 먹을 걸 빨리 안 주니까 그렇게 서럽게 운다는 것이었다. 아이고, 딱하기도 하지. 하필이면 이럴 때 멀쩡하던 전자레인지가 왜 고장나노 말이다.

2월 24일 금요일

헤밍웨이를 다시 읽고 있는데 재영이가 서재 문을 열고 아장아장 걸어 들어와서 내 무릎을 붙잡고 생글생글 웃는다. 안아 달라는 소리다. 녀석을 반짝 안아 올려 무릎에 앉히자마자 손가락으로 부지런히 컴퓨터 자판기를 눌러대고 손바닥으로 책을 두드려댄다. 이쯤 되면 만사 작파하고 녀석과 함께 놀아주는 수밖에 없다. 그런데 읽고 있던 장을 중단하기 싫어서 큰 소리로 읽기 시작했다. 그러자 녀석이 손동작을 멈추고 나를 빤히 쳐다보았다. 돌 갓 지난 녀석이 헤밍웨이를 이해할 리는 없고, 외할아버지의 말투가 평소와는 다르게 들리니까 이상했던 모양이다. 암튼 그렇게 해서 나는 한 장이 끝날 때까지 소설을 낭송했고, 재영이는 오늘 외할아버지가 낭송하는 《누구를 위하여 좋은 울리나》의 한 부분을 귀로 읽은 셈이다. 한 마디도 이해는 못 했겠지만.

2월 25일 토요일

사랑해요 이 한 마디 참 좋은 말

우리 식구 자고 나면 주고받는 말

사랑해요 이 한 마디 참 좋은 말

엄마 아빠 일터 갈 때 주고받는 말

이 말이 좋아서 온종일 신이 나지요

이 말이 좋아서 온종일 일 맛 나지요

이 말이 좋아서 온종일 가슴이 콩닥콩닥인대요

사랑해요 이 한 마디 참 좋은 말

나는 나는 이 한 마디가 정말 좋아요

사랑 사랑해요

- 〈참 좋은 말〉, 김완기 작사

요즘 내가 새로 배운 동요다. 재영이한테 동요를 들려주다가 저절로 귀에 익었는데 듣기 좋고 부르기 좋아서 그런지 온종일 흥얼거리게 된다. 저녁이 되자 이틀 만에 아빠 품에 안겨 집으로 돌아가게 된 재영이는 너무 좋아 파닥파닥 뛰었다. 외할머니 외할아버지가 아무리 잘 보살펴줘도 소용없다니까, 글쎄.

2월 26일 일요일

모레가 내 생일이라고 사위와 딸이 저녁 식사 대접한다면서 재영이를 안고 왔다. 일요일엔 피곤한 몸을 집에서 푹 쉬고 싶지 매일처럼 드나드는 처가댁과 친정을 또 오긴 좀 싫었을 것이다. 둘 다 직장에 매인 몸이라 모레는 시간을 낼 수가 없으니 생일 축하를 앞당겨 하겠다고 케이크를 사들고 온 모양이었다. 다섯 식구가 한 차에 타고 고기동 청운정으로 가서 저녁 식사를 했다. 재영이가 자기한테는 과자 나부랭이나 주면서 우리들만 진수성찬을 먹는다고 어찌나 '따따따따 때때때때' 항의가 심하던지.

식사를 마친 뒤 다들 집으로 돌아와서 케이크에 촛불을 밝혀놓고 생일 축하 노래를 불렀다. 사위는 '사랑하는 우리 아버님' 하고, 딸은 '사랑하는 우리 아빠' 하고, 아내는 '사랑하는 우리 남편' 하니까 내가 사랑을 정말 많이 받고 있는 것 같은 착각이 들었다. 사위는 장인한테 용돈을 담은 봉투도 슬며시 내밀었다. 무슨 일이 있을 때마다 그렇게 마음 쓰는 것도 쉽지 않을 터이다. 케이크를 자르고 재영이도 외할아버지 생일 케이크를 처음으로 맛봤다. 아범 어멈이 재영이를 위해 사 온 천막집을 거실 한쪽에다 치고, 대구 사돈댁에서 보내 온 말랑말랑하고 색깔도 선명한 스펀지 로고들을 방바닥에 와르르 쏟아놓자 재영이 눈이 동그래졌다. 얼마나 신나 하던지!

2월 27일 월요일

초록 초록 나무에 빨간 빨간 앵두가

다닥다닥 구슬처럼 많이 열렸네

한 알만 한 알만 똑 똑 따다가

우리 아기 입속에 쏙 넣었으면

- 〈앵두〉, 박경종 작사

이 동요는 예쁜 노랫말에 위험한 가시가 숨어 있다. 이 노래를 배운 아이들이 만에 하나라도 정말 앵두나 방울토마토를 아기 입속에 쏙 집어넣는다면 그 아기는 당장 위험에 빠질 수 있기 때문이다. 신중하지 못한 노랫말이다. 재영이가 아직 말을 알아듣지 못해서 그냥 내버려두지만, 말을 알게 되면 지워버리고 싶은 동요다.

금요일 저녁부터 토요일 일요일까지 엄마 아빠랑 줄곧 놀다 와서 그런지, 오늘 외갓집에 온 재영이는 약간의 금단증상을 보이는 것 같았다. 외할아버지 외할머니와 함께 있는 것이 익숙하긴 한데 뭔가 부족한 느낌이 드는 모양이었다. 약간 풀 죽은 표정에 신경도 예민해져서 밥도 잘 안 먹고 잠을 재워도 깊이 잠들지 못하고 자꾸 깨어났다. 결국 오전 잠은 설치고, 오후에 점심을 먹은 다음 내가 플라스틱 자동차에 태워 쉰 바퀴쯤 돌린 후 품에 안고 토닥여서 다시 재웠다. 아내가 수영을 마치고 돌아오기까지 두어 시간쯤 푹 자고 깨어난 녀석은 다시 이전의 명랑성을 되찾았다. "따따따따 때때때때."

2월 28일 화요일

재영이 신체검사 결과가 나왔다. 평균치보다 머리가 훨씬 크고 체중은 약간 모자라는 걸 빼면 다 정상이란다. 머리가 훨씬 더 큰 건 짱구박사하면 되는데, 체중이 모자란다니 먹일 걸 덜 먹였나 싶어 아내는 마음에 걸리는 모양이다. 밥숟갈만 가져가면 고렇게 도리질을 치더니 체중이 모자란다고? 앞으론 인정사정없이 먹이겠단다. 사실 도리질 친다고 그동안 안 먹인 것도 아니었다. 온 집 안을 뱅뱅 돌며 밥을 받아먹는 녀석의 버릇을 고친다며 식탁 앞 의자에 딱 앉혀놓고 온갖 수단 방법을 다 동원해 가며 밥을 또박또박 먹였다. 첫술부터 고개를 돌리는 녀석에게 억지로 서너 숟갈을 먹인 뒤엔 플라스틱 통, 스티커, 장난감, 동화책, 밥풀과자 등을 번갈아 들이밀며 밥을 먹이다가 나중에는 컵에다 물을 담아주어 물장난을 치게 하면서까지 밥을 먹였고, 마지막엔 녀석이 좋아하는 귤이나 치즈를 밥과 번갈아 가며 먹이기도 했다. 그렇게 악착같이 먹이고 중간 중간 간식까지 챙겨 먹였는데도 체중이 평균치에도 못 미친다니! 말도 안 돼!

2월 29일 수요일

아내가 데모하러 가서 오늘은 저녁까지 내가 재영이를 돌봐야만 한다. 박원순 서울시장이 개포동 재개발 아파트의 50퍼센트 이상을 서민용 소형 아파트로 건축하라고 해서 개포동 주공아파트 주민들이 서울광장에 모여 데모를 한다고 했다. 그딴 걸 하겠다고 뭐하러 거기까지 가느냐며 내가 말렸지만 아내는 듣지 않았다. 언제부턴가 아내는 내 말을 잘 듣지 않고 오히려 내가 아내 말을 잘 듣게 되었다. 왜 그렇게 되었는지는 잘 모르겠다.

재영이를 돌보는 것은 별 문제가 없는데, 녀석이 요즘 한창 빨빨 걸어 다니는 통에 위험해서 잠시도 눈을 뗄 수가 없다는 것이 문제였다. 녀석을 보는 동안엔 다른 일을 아무것도 할 수 없는 것이다. 소파에 앉아 책이나 신문을 보기조차 힘들다. 그래도 때 되면 밥을 챙겨 먹이고, 간식으로 우유와 치즈를 먹이고, 과일도 숟가락으로 긁어 먹이는 등 먹일 건 다 먹였다. 녀석이 하필 외할아버지가 저를 돌보는 날을 골라잡았는지 똥도 두 차례나 싸서 엉덩이를 두 번이나 씻어주고 기저귀를 네댓 차례나 갈아줘야 했다.

저녁에 데모를 마치고 돌아온 아내는 피곤한 모양이었다. 그렇지 않고? 데모를 아무나 하나? 그건 사랑보다도 더 아무나 하는 게 아니지. 아내는 저녁 식사를 마친 뒤 재영이랑 조금 놀다 먼저 잠들었다. 낮에 실컷 잔 재영이는 밤 11시가 되도록 비틀비틀 아장아장 나랑 놀다가 똥을 한 번 더 쌌다. 그래서 오늘은 내가 재영이 엉덩이를 세 번이나 씻어주는 신기록을 세웠다. 녀석은 우유를 한 차례 더 마시고 11시가 넘어서야 겨우 내 품 안에서 노랫소리를 들으며 잠들었다. 재영이는 자장가보다 〈섬집 아기〉와 〈엄마야 누나야〉를 나지막한 목소리로 불러주면 더 잘 잠든다. 또 〈섬집 아기〉보다는 〈엄마야 누나야〉를 아주 느리게 허밍하는 쪽이 최면성은 더 강한 것 같다.

엄마가 섬 그늘에 굴 따러 가면
아기는 혼자 남아 집을 보다가
바다가 불러주는 자장 노래에
팔 베고 스르르르 잠이 듭니다
아기는 잠을 곤히 자고 있지만
갈매기 울음소리 맘이 설레어
다 못 찬 굴 바구니 머리에 이고
엄마는 모랫길을 달려옵니다
- 〈섬집 아기〉, 한인현 작사

3월 1일 목요일

펭귄 소년 뽀로로, 펭귄 소녀 패티, 아기 공룡 크롱, 노란 여우 에디, 비버 루피, 벌새 해리, 흰곰 포비. 요것들이 다 뭔고 하면, 우리 아파트 거실에 설치한 재영이 천막집에 그려져 있는 만화 캐릭터들 이름이다. 재영이가 이 그림들을 보고 무척 좋아하긴 하는데 캐릭터 이름들을 몰라 불러줄 수가 없어 내가 컴퓨터에서 찾아낸 것들이다. 돌 갓 지난 녀석이라 가르쳐줘도 알아들을 리 없지만 그렇다고 해서 방치하거나 엉터리 이름으로 불러줄 수는 없다는 생각에서였다.

주인공 뽀로로는 펭귄이라 하늘을 날지 못한다. 그래서 소원이 하늘을 나는 것이란다. 패티는 예쁘장하게 생긴 펭귄 소녀로 뽀로로의 짝꿍이다. 아기 공룡 크롱은 낼 줄 아는 소리가 '크롱 크롱'밖에 없어 이름이 크롱이란다. 발명가인 노란 여우 에디는 에디슨에서 이름을 따왔고, 비버 루피는 부지런한 비버답게 모범 소녀라고 한다. 벌새 해리는 노래하기를 좋아하고, 흰곰 포비는 친절하고 믿음직한 친구라고 한다. 얘들 외에도 뽀로로 친구들이 많이 있지만 최소한 이 정도는 알아야 아이들과 대화가 되고 좋은 아빠도 된다고 하니, 재영이한테 좋은 외할아버지가 되고 싶은 나도 캐릭터 이름들을 열심히 외워 둬야겠다고 생각했다. 그런데 이름들을 찾아 천막집에 그려진 캐릭터들 옆에 매직으로 적어뒀더니 나보다 아내가 더 열심히 외우기 시작했다.

3월 2일 금요일

재영이가 첫 숟가락부터 도리질하며 밥을 안 먹으려 하자 아내는 온갖 수단 방법을 다 동원해 먹이려고 애쓰다가 너무 화가 나는지 "먹기 싫으면 말아. 외할머니가 다 먹어버릴 테다!" 하더니 정말 먹이고 있던 아이 밥을 딸딸 긁어 먹어버렸다. 옆에서 보고 있던 내가 돌 갓 지난 아기하고 감정싸움 하냐며 허허 웃자, 아내는 아무리 아기라도 밥을 너무 안 먹으려고 하니까 약이 바짝 오른다고 대답했다. 하긴 녀석을 먹이겠다고 어제저녁 일부러 시장에 나가 조개를 사왔고, 오늘 아침부터 그걸 쇠고기랑 함께 다져서 맛있게 국을 끓였다. 또 저 때문에 우리 부부까지 질퍽한 밥을 먹을 각오하고 일부러 질게 지은 밥을 그 국에다 말아 먹이는데, 첫술부터 도리질만 해대니 화가 날 만도 했다. 그래도 그렇지, 이제 돌 지난 지 며칠이나 됐다고 어린애한테 화를 내. 잘 하면 신문에 나겠다며 껄껄 웃은 뒤 나는 알아들을 리 없는 재영이한테 말했다. "얘, 너 외할머니한테 미운털 박히면 국물도 없어. 외할머니가 네 엄마를 무서워하니, 네 아빠를 무서워하니?" 그랬더니 아내가 냉큼 받아서 "네 외할아버지를 무서워하니?"라고 맞장구를 쳤다. 그래서 내가 다시 "대구에 계신 네 친할아버지 친할머니도 외할머니는 못 말리셔, 애."라고 말하곤 둘이서 한바탕 웃었다. 그래도 밥그릇을 보니 절반 정도는 먹은 것 같고, 녀석이 하품을 살살 하며 졸리는 표정이라 내가 품에 안고 토닥여서 재웠다. 아내는 어지간히 속이 상했던지 아침 식사도 하지 않았다. 재영이는 그런 외할머니의 심정을 아는지 모르는지 외할아버지 품에 안긴 채 김소월 시가 가사인 노래를 허밍으로 들으며 금방 색색 잠이 들었다.

엄마야 누나야 강변 살자
뜰에는 반짝이는 금모래 빛
뒷문 밖에는 갈잎의 노래
엄마야 누나야 강변 살자
- 〈엄마야 누나야〉, 김소월 시

3월 3일 토요일

발발 길 때는 장난감을 방바닥에 놓고 손으로 죽죽 밀고 다니더니, 아장아장 걷기 시작하자 물건을 손에 들고 술 취한 녀석처럼 비틀비틀 온 집 안을 돌아다닌다. 그러다 엉덩방아를 탈싹 찧는 것까지는 괜찮은데, 앞으로나 옆으로 넘어지며 가구나 책장 모서리에 이마를 찧을까 봐 마음이 늘 조마조마하다. 그래서 가구 모서리마다 충격 완충재를 붙이고, 아이 얼굴이 닿는 높이의 책장에 꽂힌 책들은 전부 앞쪽으로 빼내어 모서리와 책들이 동일면을 이루게 해 놓았다. 녀석이 서랍을 열어 안에 든 물건들을 다 흩어버리는 것은 다시 정리하면 되는데, 그러다 손가락이 치이거나 긁힐까 봐 손잡이들을 다 빼내어 서랍 안에 넣었고, 손잡이 없이 열게 되어 있는 서랍들은 잠금장치를 부착하여 채워놓았다. 어른들의 그런 걱정 따위는 아랑곳없이 재영이는 지금 내가 마시던 물병을 한 손에 들고 마치 술병을 든 이태백처럼 비틀비틀 온 집 안을 돌아다니고 있다. 어른들로 하여금 잠시도 눈을 뗄 수 없게 만드는 재주를 조물주가 아이들에게 부여하신 듯하다.

3월 5일 월요일

재영이가 밥을 삼키지 않고 입에 물고만 있다. 금요일 밤부터 토요일, 일요일을 엄마 아빠랑 함께 지내고 오더니 나쁜 버릇이 하나 더 생긴 것 같다고 아내는 걱정했다. 먹기 싫어하는 아이에게 억지로 먹이면 생기는 버릇이란다. 입에 든 것을 삼키면 또 다른 숟가락이 들어온다는 걸 알고 아예 음식을 물고만 있는 것이다. 삼키라고 다른 숟가락을 들이밀면 막 짜증을 낸다. 온갖 수법을 다 동원하며 먹이려고 애써도 아이가 계속 짜증만 내니까 아내도 마침내 지치고 짜증이 나는 모양이었다. "아이고 내 팔자야!" 하고 땅이 꺼지도록 한숨을 토하더니, 갑자기 비음을 살짝 섞어가며 〈태평가〉를 부르기 시작했다.

짜증을 내어서 무엇하나, 한숨을 쉬어서 무엇하나

인생 일장춘몽인데 아니 노지는 못하리라

니나노오~

예순 살 먹은 외할머니가 부르는 이 노래의 깊은 뜻을 돌을 갓 지난 외손자 녀석이 알기나 할까? 글쎄, 세상에 나온 지 며칠 되었다고 그 아이한테 인생 일장춘몽이라니? 아니 노지는 못하리라라니? 첨부터 잘 가르친다. 기초가 탄탄해서 아주 큰 인물 되겠구나, 하고 나는 옆에서 아내를 놀려주었다.

3월 6일 화요일

"너 밥 안 먹고 자꾸 그러면 네 엄마한테 동생 낳으라고 할 거야!" 외할머니라는 사람이 말도 알아듣지 못하는 외손자한테 공갈이랍시고 한 소리였다. 요즘 아이들이 가장 겁내는 것이 동생 생기는 거라나? 자기한테 향하던 사랑이 몽땅 동생한테 쏟아지니까 그렇단다. 그것 참, 동생이 생기면 자기는 형이 되거나 오빠가 되는 건데, 기쁘고 신나는 일 아닌가? 물론 우스개 삼아 한 소리지만 그런 말이 공감이 되는 세태에 문제가 좀 있다 싶다.

좀 다른 얘기이긴 하지만 요즘 유행하는 말로 이런 것이 있다. "자녀분 취직했습니까?"라고 물으면 징역 5년, "자녀분 결혼했습니까?"하고 물으면 징역 10년, "손자는 보셨습니까?"라고 물으면 징역 20년, 이 세 가지 질문을 연달아 하면 사형이라는 것이다. 취직하기가 워낙 어려운 시절이라 결혼하기도 그만큼 어렵고, 그러다 보니 늦게 결혼하거나 아예 못해서 손자 손녀 보기도 하늘의 별 따기처럼 어려우니, 남 염장 지르는 소리 함부로 지껄이다간 큰 봉변을 당할 수 있다는 소리였다. 이런 팍팍한 세상에서 딸 시집 잘 보내고 외손자 잘 낳아 무탈하게 기르고 있는 것만도 황감한 판에, 그까짓 밥 좀 안 먹는다고 돌바기 녀석한테 그런 공갈까지 칠 건 없지 않나 싶다.

3월 7일 수요일

"요 녀석 요거, 정말 의리 없네." 재영이한테 밥을 다 먹인 후 귤을 열심히 까서 먹이던 아내가 소리쳤다. 밥풀과자 먹일 땐 아내가 아아, 하고 입을 벌리면 가끔 한 알씩 집어넣어 주던 녀석이 제가 좋아하는 귤을 먹을 땐 아무리 아아, 해도 생글생글 웃으며 제 입에만 쏙쏙 집어넣는다는 것이었다. 나도 녀석에게 서운한 일을 당한 적이 있다. 외출했다가 아파트 현관문을 열고 들어오자 그 소리를 들은 녀석은 제 애비가 오는 줄 알고 반가워하며 문까지 아장아장 걸어왔다. 그런데 내 얼굴을 쳐다보고 아빠가 아니라는 걸 알자 곧장 돌아서서 가버렸던 것이다. 매일 같이 놀아주고 안아서 재워주었는데 어찜 그럴 수가 있어? 이 녀석 진짜 의리라고는 손톱만큼도 없더라고 아내한테 말하곤 둘이서 함께 깔깔 웃었다.

3월 8일 목요일

새벽 5시에 재영이 울음소리가 들려 거실로 나갔더니

녀석이 조리대 벽을 두 손으로 짚고 서서 앙앙 울고 있었다. 전자레인지에 우유를 데우고 있던 아내가 녀석이 배가 고파 우유 데울 동안도 못 참고 빨리 내놓으라고 운다고 했다. 내가 안고 달래주다가 우유가 다 데워지자 안방으로 데려다 주고 내 방으로 돌아와 누웠다. 재영이는 우유를 다 먹고 다시 잠들었는지 조용했다. 잠이 안 와서 뒤척이고 있는데 이번에는 아내의 휴대전화에서 알람이 울리기 시작했다. 아무리 울려도 받지 않는 걸 보면 거실에다 둔 모양이었다. 내 휴대전화를 열어보니 6시 30분이었다. 아내가 새벽 수영을 갈 시간이다. 알람 소리에 잠을 깼는지 녀석이 또 칭얼대기 시작했다. 다시 일어나 안방으로 건너갔더니 아내가 아이를 등에 업고 재우려 애쓰고 있었다. 재영이를 받아 안으며 내가 재울 테니 당신은 수영이나 가라고 했더니 아내는 잠이나 더 자야겠다며 다시 잠자리에 드러누웠다. 오늘은 내가 친구들 만나러 서울에 나가니까 재영이와의 하루가 길게 느껴질 거라며 수영 다녀오는 게 좋을 거라고 말한 뒤 녀석을 안고 내 방으로 건너왔다. 책상 앞에 앉아 아이를 다독여 재운 뒤 이부자리에 누이자 잠시 후 아내가 수영하러 나가는 소리가 현관에서 들려왔다. 남편 말을 듣는 편이 아무래도 낫겠다고 생각한 모양이었다. 졸지에 잠을 잃은 나 혼자만 멍한 상념에 빠져들었다.

얼마나 기다리다 꽃이 됐나

달 밝은 밤이 되면 홀로 피어

쓸쓸히 쓸쓸히 미소를 짓는

그 이름 달맞이꽃

아아아 아아아 서산에 달님도 기울어

새파란 달빛 아래 고개 숙인

네 모습 애처롭구나

- 〈달맞이꽃〉, 지웅 작사

재영이를 잠재우며 부르던 노래들 끝자락에 자연스레 묻어 나온 〈달맞이꽃〉이라는 노래인데, 40여 년 전 6군단 통신대대 상병으로 복무할 때 전무라는 병장한테 배운 노래다. 직책이나 별명이 전무가 아니라, 성이 전 씨고 이름이 무였다. 키가 훤칠하고 귀골로 생긴 사내였는데 기타를 아주 잘 쳤다. 박북칠이라는 작달막한 병장도 있었는데, 이름이 북칠이라 그런지 북을 아주 잘 쳤다. 대대의 무슨 행사일에 식당에다 무대를 마련하고 연주회를 가졌는데, 전무 병장은 기타를 치고 박북칠 병장은 드럼을 치며 〈프라우드 메리(물레방아 인생)〉를 불렀다. 이젠 모두 60대 중반일 텐데 어떻게들 지내는지 궁금하다. 나는 노래를 가르쳐준 사람들의 이름이나 얼굴은 좀체 잊지 못한다.

3월 10일 토요일

운동화가 낡아 예쁜 걸로 한 켤레 사고 싶다며 백화점에 갔던 아내가 자기 운동화는 안 사고 외손자 운동화와 원숭이 인형만 달랑 사들고 돌아와서는 자기 물건 산 것보다 더 즐거워했다. 나이키에서 나온 빨간 아기 운동화가 어찌나 앙증맞게 생겼는지 보기만 해도 즐거운 마음이 저절로 생길 정도였다. 재영이가 빨간색을 좋아한다고 원숭이 인형도 얼굴 부분만 빼곤 온통 빨간색이었다. 아내는 희희낙락하며 아기 운동화를 시디플레이어 위에 진열해놓더니 곧장 원숭이 인형을 물에 넣고 빨기 시작했다. 자기 딸을 키울 때는 언제 저런 적이 있었나 싶었다. 어제도 재영이 먹이라고 동그랑땡을 만들어 보냈더니 딸이 전화를 걸어 "엄마, 나한테는 이런 거 한 번도 안 만들어주더니." 하며 항의하더라고 했다.

요즘 아내의 외손자 사랑이 지극하다. 얼마 전까지만 해도 사위한테 쏟던 사랑이 몽땅 외손자한테로 옮겨간 듯하다. 순위로 따지면 재영이가 1순위, 사위가 2순위, 딸이 3순위이고 나는 겨우 4순위다. 그나마 우리 집엔 강아지가 없어서 다행이다. 5순위가 될 수도 있었을 텐데. 하지만 생각해보니 5순위가 될 기회는 아직도 남아 있었다. 재영이 동생이 태어나는 날이 바로 그날이 될 테니까. 아내의 그런 마음을 반영하듯 집 안에 걸려 있던 액자 속의 내 사진들이 어느 날부터 하나둘 사라지기 시작하더니 지금은 하나도 남아 있지 않다. 물론 지금 그 액자들 속에는 사위와 딸과 외손자의 사진들이 들어 있다. 가장의 위상 추락을 단적으로 보여주는 것이라 솔직히 서운하고 화도 나지만 그래도 나는 아내의 이런 마음을 사랑하기로 했다. 아내의 행복은 곧 나의 행복이니까. 그래서 아내의 이런 마음이 가급적 길고 오래 이어지기를 예수님과 부처님께 양다리 걸치고 빈다. 양다리 걸치기가 불온하다고 할지 모르지만 내 진심이다. 진짜!

3월 13일 화요일

"유기농 식품점에서 사온 무공해 국수를 풀무원 샘물에 삶아, 홍합을 우린 국물에 만 다음, 계란 노른자만으로 만든 고명을 위에 얹고, 잘게 부순 햇김과 깨소금을 살살 뿌려 대령하면 잘 드실까?" 사돈 내외께 올릴 국수가 아니라, 우리 외손자 재영이한테 먹일 국수를 만들며 집사람이 떠는 너스레였다. 녀석이 하도 밥을 안 먹으니까 가느다랗게 김밥을 말아 잘게 썰어 먹여보기도 하고, 국수를 삶아 먹여보기도 하는데, 그런 노력의 결과 아내가 내린 결론은 "새로운 음식을 맛있게 만들어 올리면 한두 번은 드신다."는 것이었다. 어제저녁엔 김밥을 잘도 주워 먹고 배가 빵빵해져서 잠들더니, 오늘 아침엔 김 조각을 온 얼굴과 손에 붙여가며 국수 한 접시를 잘도 먹었다. "치사하고 아니꼽지만 이렇게라도 먹여놔야 내 마음이 편한 데 어떡해?"라고 말하며 아내는 벌써부터 다음 메뉴를 걱정하기 시작했다. "이 녀석도 이미 확보된 행복은 행복으로 느껴지지 않나 봐. 매번 새로운 행복을 맛보기 위해 매번 새로운 음식을 만들어 내놓으라고 하면 어쩌지? 여보, 나 요리 학원에 다녀야 할까 봐." 나이 육십을 넘긴 여자가 외손자 밥 먹이기 위해 새삼 요리 학원을 다니겠다는 것이었다. 차라리 내가 다니고 말겠다고 했다.

3월 14일 수요일

우리 외손자 재영이 녀석. 하루 종일 저랑 함께 놀아주고, 재워주고, 온갖 음식들을 만들어 먹여주는 외할머니와 외할아버지는 외출했다 돌아와도 힐끗 한 번 돌아보기만 할 뿐이면서, 퇴근길에 저를 데리러 온 아범이 현관문을 열고 들어오면 표정이 갑자기 환해지면서 뒤뚱뒤뚱 급히 달려가 품에 안긴 뒤 신이 나서 마구 파닥거린다. 그럴 땐 서운한 느낌이 살짝 들기도 하지만, 그래도 녀석이 제 아빠를 그렇게 좋아하는 건 정말 다행이고 부자간의 복이라고 생각하며 우리 부부는 서로를 위로한다. 어멈이 회사에서 노상 늦게 퇴근하고 아범이 일찍 퇴근하여 녀석과 같이 놀아주는 시간이 길다 보니, 녀석이 아범을 유독 더 좋아하는 것 같다. 저녁 무렵 아범이 돌아올 때가 되면 은근히 기다리는 눈치까지 보인다.

딩동댕 초인종 소리에 얼른 문을 열었더니
그토록 기다리던 아빠가 문 앞에 서 계셨죠
너무나 반가워 웃으며 아빠하고 불렀는데
어쩐지 오늘 아빠의 얼굴이 우울해 보이네요
무슨 일이 생겼나요 무슨 걱정 있나요
마음대로 안 되는 일 오늘 있었나요

아빠 힘내세요 우리가 있잖아요

아빠 힘내세요 우리가 있어요.

힘내세요 아빠!

- 〈아빠 힘내세요〉, 권연순 작사

이 노래를 들으면 힘이 나는 게 아니라 오히려 숨이 턱턱 막힌다고 말하는 친구들을 본 적이 있다. 어렵고 살벌한 직장 생활을 견디며 자식 키우기가 그만큼 힘들고 부담스럽다는 뜻인데, 그럴수록 자식들을 보며 이 악물고 힘을 내야지, 자식들이 그렇게 부담스럽다면 애초에 뭣하러 낳았나, 혼자 살지. 어느 시대에나 부모 된 이들은 주어진 현실이 아무리 각박하고 힘들어도 자식들을 봐서 무조건 힘을 내야만 한다. 그게 인간이고 인생이다.

3월 15일 목요일

60대 중반으로 접어들며 외손자까지 보고 나니 어느새 얼굴 여기저기 거무스름한 검버섯과 보기 흉한 점들이 생겼다. 특히 오른쪽 관자놀이에 있는 큰 점과 왼쪽 관자놀이에 있는 작은 점이 눈에 많이 거슬렸다. 추리 소설들을 많이 읽어서 그런지, 그 점들이 내겐 꼭 총알구멍처럼 느껴지는 것이었다. 권총을 관자놀이에 대고 쏘면 꼭 그런 자국이 생길 것만 같았다. 다른 점들은 몰라도 그 두 점만은 빼야겠다고 결심한 것은 실로 나답지 않은 용단으로 순전히 추리 소설 때문이었다. 그보다 약간 나은 변명을 억지로 둘러댄다면 우리 외손자 재영이 때문이라고도 할 수 있다. 이제 날이 따뜻해지면 녀석을 데리고 아파트 놀이터에 나가야 되는데, 거무튀튀한 검버섯과 까만 점들을 얼굴에 주렁주렁 매달고 외손자와 놀고 있을 내 모습이 너무 추레해 보일 것 같았다. 기왕이면 얼굴이 좀 훤한 외할아버지와 같이 놀면 재영이 체면도 한결 나아 보일 게 아닌가 싶었던 것이다.
그런데 막상 아내랑 함께 피부과로 가서 시술 차례를 기다리며 대기실에 앉아 있자니, 내가 이 나이에 무슨 영화를 보겠다고 이 난리를 피우나 싶은 게 그야말로 후회막급이었다. 아내더러 당장 돌아가자고 말하고 싶은 충동을 열 번도 넘게 꾹꾹 눌러 참아야만 했다. 아내도 남은 생애 동안이나마 쥐꼼이라도 훤해진 남편 낯짝을 보며 살아볼까 하는 기대감에서 바쁜 시간 억지로 쪼개어 병원까지 동행해줬는데, 그냥 돌아가자고 하면 가만히 있을 것 같지가 않았다. 그래서 꾹 참고 차례를 기다렸다가 얼굴과 목에 있는 점들을 모조리 빼는 시술을 기어이 받고야 말았다. 시술이 다 끝난 뒤에 거울을 들여다보니 맙소사! 흡사 따발총으로 무차별 난사를 당한 꼴이었다. 하지만 꼴은 비록 참담해도 이젠 끝났다는 생각에 가슴은 얼마나 후련하던지! 그리고 딱지들이 다 떨어지고 나면 과연 어떤 모습일지에 대한 기대감도 분명 없지 않아 있었다. 하모, 왜 없겠어? 이 나이에 예쁜 애인이 생길 리는 만무하겠지만, 그것도 혹 알 수 없는 일 아니겠는가?

3월 16일 금요일

무공해 밀가루로 빚은 국수를 홍합 국물에 말아 계란 노른자로 만든 고명을 얹고 깨소금과 햇김을 살살 뿌려 대령해도 외손자 녀석이 고개를 싹싹 돌리자 외할머니는 또 열을 받았다. 딱 한 번 잘 먹더니 두 번째는 안 먹는다며 화를 내기에 돌바기 녀석이 뭘 안다고 그러냐고 내가 역성을 들자 아내는 화풀이를 나한테 했다. 이럴 때는 그냥 가만히 있어야 하는 건데 내가 괜히 불난 집에 부채질한 꼴이 되었다. 새로운 음식이나 맛있는 음식을 제공할 능력이 없으면 녀석이 호기심을 느낄 만한 새로운 물건들이라도 눈앞에 계속 디밀어야만 숟가락에 입을 벌렸다. 그렇지만 제 입맛에 맞는 귤이나 옥수수 같은 것은 바짝 달라붙어 쉴 새 없이 집어먹곤 했다. 먹는 것까지 아범을 꼭 빼닮았다고 아내는 이번엔 사위한테 화살을 날렸다. 안사돈 말에 의하면 아범은 어릴 때 밥상이 들어오면 방바닥에 벌렁 누워버렸다고 한다. 아무래도 그 유전인자를 재영이가 그대로 물려받은 모양이라는 것이다. 누구를 탓하며 누굴 원망하랴?

3월 17일 토요일

"너도 양심이 좀 있어라." 육순 외할머니가 돌바기 외손자한테 하는 소리치곤 좀 이상하다 싶어 돌아봤더니 아내가 깔깔 웃었다. 녀석이 하도 밥을 안 먹으려고 해서 김을 조그맣게 잘라 밥 한 숟갈 받아먹으면 김을 하나 손에 쥐여주곤 했는데, 녀석이 밥은 도리질치고 김만 자꾸 받아먹으려 한다는 것이었다. 김을 받아먹는 재미로 밥숟갈에 입을 벌리던 녀석이 몇 차례 지나자 고개를 싹싹 돌리며 김만 잽싸게 빼앗아 먹곤 했다. 김을 미끼로 밥을 먹이려는 외할머니와 밥은 거부하고 김만 빼앗아 먹으려는 외손자가 서로 깔깔대며 재미있는 게임이라도 벌이는 것 같았다. 저녁에 아범과 어멈이 나란히 거실로 들어와서 재영이한테 팔을 벌리며 "재영아, 이리 와." 하고 말하자 녀석은 반가운 표정으로 조금도 망설임 없이 제 아비 품에 뛰어들었다. 머쓱해진 어멈이 웃으며 삐졌다고 말했지만, 우린 삐질 일이 아니라 좋아해야 할 일이라고 달래주었다. 아범이 퇴근 이후 재영이를 그만큼 잘 보살펴주고 있다는 증거니까. 아범 품에 안겨 있을 때는 외할아버지나 외할머니가 가서 아무리 오라고 해도 오지 않았다. 그러던 녀석이 아범과 실컷 놀고 난 뒤엔 어멈이 가서 팔을 벌리자 순순히 품에 안기더니, 잠시 후에는 외할머니 품에도 안겼다. 돌바기에 불과한 녀석이라도 자기한테 잘해주는 순서대로 정확히 따르는 걸 보면 참으로 감탄스럽다. 그게 바로 생존 본능 아니겠는가.

3월 18일 일요일

재영이는 어젯밤 아빠 엄마 따라 정자동으로 갔기 때문에 우리 부부는 모처럼 한가한 일요일을 맞았다. 웬만하면 해가 중천에 뜨도록 늦잠을 늘어지게 자고 빈둥빈둥 게으름을 피울 만도 한데, 아내는 새벽같이 일어나 산에 가잔다. 내가 안 간다고 하면 혼자라도 부득부득 갈 테니 보디가드가 별 수 있나, 따라나서야지.

광교산 기슭을 올라가기 시작하면서 아내의 체력이 떨어진 것이 눈에 띄게 표가 났다. 외손자를 돌보면서도 수영을 한 번도 빼먹지 않고 꾸준히 체력 관리를 했는데도 진땀을 빼며 헉헉거렸다. 하루 종일 녀석한테 신경을 곤두세워야 하고 끼니때마다 뭘 먹일까 애를 태우는 일이 그만큼 기를 소진한 듯했다. 저수지가 내려다보이는 곳까지 올라가는데 한 시간도 넘게 걸렸다.

하산해 집으로 돌아오는 길에 빵집에 들러 오곡찰빵과 단팥빵을 샀다. 간단히 샤워를 한 뒤 빵들을 식탁에 펼쳐놓고 우유를 두 잔 따랐다. 아내의 우유에는 오디 즙을 타고 내 우유에는 매실 즙을 탔다. 둘이 마주앉아 오곡찰빵을 두어 조각 먹고 나자 아내가 나한테 물었다.

"김치 줘?"

같은 6학년이라고 아내는 언제부턴가 나와 맞먹는다.

"브레드 앤드 밀크를 들면서 촌스럽게 김치는."

내가 핀잔을 주자 아내는 "그래, 안 먹나 보자." 하며 김치냉장고에서 김치를 꺼내놓고 내 앞에도 젓가락을 놓았다. 그리곤 젓가락을 도로 치우는 척하며 말했다.
"참, 김치 안 먹는 사람은 젓가락이 필요 없지."
"그냥 놔둬."
나는 젓가락을 들고 김치를 아내보다 먼저 집어먹었다.
"안 먹는다는 사람이 항상 먼저 먹고 더 많이 먹는다니까."
아내가 핀잔을 돌려주며 웃었다.
"그 참, 빵 맛이 달라지네."
"좋아졌다는 거야, 나빠졌다는 거야?"
"그야 당연히 좋아졌단 얘기지. 한국 사람은 역시 김치를 먹어야 소화도 잘 돼."
후식으로 사과를 먹은 뒤 커피 잔을 각자 손에 들고 소파로 이동하여 텔레비전을 켰다. 일요일 아침이라 볼만한 게 별로 없었다. 나는 전날 빌려온 디브이디 〈악마는 프라다를 입는다〉를 아내에게 틀어주고 내 방으로 물러났다. 좀 오래된 영화지만 아내는 안 본 거니까 상관이 없다. 보다가 졸리면 중간에 잠들겠지 뭐. 그냥 앉아 있을 때보다 영화나 드라마를 볼 때 훨씬 더 잘 자는 아내이기 때문에 수면제 삼아 틀어준 것뿐이다.

3월 21일 수요일

딸이 재영이를 안고 아침부터 친정에 들이닥쳤다. 휴가 중인데 마땅히 갈 데가 없는 모양이었다. 자는 녀석을 깨워 데리고 왔는지 눈에 졸음이 가득했다. 내가 어미 품에서 떼어내자 버둥대며 칭얼거리더니, 품에 안고 소파에 기대앉는 순간 조용해졌다. 따듯하고 포근한 내 품 안과 편안한 자세가 자기가 늘 잠들곤 했던 그 요람이란 걸 금방 감지한 듯했다. 자장가 세 곡에 이어 〈섬집 아기〉, 〈엄마야 누나야〉를 다 부를 때까지도 녀석은 눈을 말똥말똥 뜬 채 내 가슴에 얼굴을 기대고 가만히 있더니, 〈달맞이꽃〉을 다 부른 뒤 허밍으로 들어갈 무렵에야 겨우 잠이 들었다. 제 엄마가 가까이 있다는 것을 의식하고 있어서 잠들기까지의 시간이 더 오래 걸렸지만, 따뜻하고 포근한 느낌과 최면성 강한 노래, 밀려오는 잠에 결국 굴복하고 만 셈이었다. 안방에 깔아놓은 요 위에 살며시 눕힐 때까지 허밍은 계속 필요하다. 그런 다음 코코몽 인형을 옆에 놓아주고 방문을 닫을 때까지도. 잠을 다 자고 깨어나는 순간 녀석은 옆에서 웃고 있는 코코몽을 발견하곤 같이 웃고 싶어질 것이다. 울고 싶은 마음이 애초부터 들지 않게 하는 방법이다.

3월 22일 목요일

밤 11시가 지나 잠자리에 들었는데 딸이 재영이를 안고 내 방으로 건너왔다. 녀석을 아무리 재우려고 해도 안 자니 아빠가 좀 재워 달라는 것이었다. 외손자를 받아 안고 내 책상 앞 의자에 앉아 다독이며 자장가를 불러주었다. 그런데 녀석은 계속 칭얼대며 잠들지 않았고, 가끔 두 다리가 뻣뻣하게 경직되기도 했다. 낮에 엄마랑 외할머니랑 외할아버지랑 너무 신나게 놀아 약간 흥분되기도 하고 다리 근육도 좀 피로한 듯했다. 다리를 살살 주물러주니 가만히 있었다. 그래도 쉬 잠들지 못하고 낑낑거려서 녀석을 안고 거실 소파로 갔다. 소파에 기대앉으면 내 가슴에 엎드린 녀석의 자세도 훨씬 더 편안해져서 잠들기가 쉬워진다. 노래를 네댓 곡이나 부르며 토닥여줘도 깊이 잠들지 못해서, 나는 녀석을 보듬어 앉은 채 소파에 드러누웠다. 그러자 녀석은 내 배 위에 엎드린 자세가 되었고, 그런 자세로 엉덩이를 토닥이며 계속 허밍을 해주니 마침내 잠이 들었다. 녀석을 안방 제 어미 옆에 조심스레 눕히면서도 나는 밤새 얌전히 잠을 잘지 걱정이 되었다.

바람이 머물다 간 들판에

모락모락 피어나는 저녁 연기

색동옷 갈아입은 가을 언덕에

빨갛게 노을이 타고 있어요

허수아비 팔 벌려 웃음 짓고

초가지붕 둥근 박 꿈꿀 때

고개 숙인 논밭의 열매 노랗게 익어만 가는

가을 바람 머물다 간 들판에

모락모락 피어나는 저녁 연기

색동옷 갈아입은 가을 언덕에

붉게 물들어 타는 저녁 놀

- 〈노을〉, 이동진 작사

이 동요는 지금은 재영이 엄마가 되어 있는 내 딸이 초등학교 다닐 때 나한테 가르쳐준 노래다. 그 동요를 지금 나는 외할아버지가 되어 내 딸이 낳은 아들에게 이따금씩 불러주고 있다. 돌 지난 지 얼마 되지 않은 재영이가 이 노래를 알아듣거나 따라 부를 수는 없지만, 내가 부르는 노래를 들으며 잠들 수 있다는 것이 얼마나 신기하고 고마운 일인가. 언젠가는 녀석이 외할아버지한테 이 노래를 배워 부를 날도 있을 것이다. 그때 나는 "이 노래는 외할아버지가 네 엄마한테 배운 노래란다."라고 말해줄 생각이다.

그런데 내게는 또 하나의 '노을'이 있다. 40여 년 전 6군단 통신대대 연병장 한쪽 구석에 쪼그리고 앉아 배웠던 노래. 나는 대대 사역병 집합에 동원된 30여 명의 졸병들 중 하나였던 육군 일병이었다. 날마다 해도 그만 안 해도 그만인 땅고르기 작업이나 잡초 제거 작업을 하다가 시간이 남아돌자 인솔자였던 하사가 졸병들이 불쌍해 보였던지 연병장 한쪽 구석에 앉혀놓고 노래를 가르치며 시간을 때웠는데, 그중 내 가슴에 아직 남아 있는 유일한 노래가 바로 이 〈노을〉이었다. 마지막 구절인 "짧은 여름밤의 꿈, 설레이던 그날이 눈에 어린다."라는 노랫말이 꼭 노름판에서 목돈 잃어버린 놈처럼 괜히 내 가슴을 쓰라리게 만들었기 때문이다. 그 시절의 내 청춘은 별로 기대할 것도 없는 하루하루를 손꼽아가며 마냥 지루하게 시간을 보내고 있었으니까. 추억은 비록 남루하지만 곡과 가사가 아름다워 평생 애창해 왔는데, 이제 외손자를 잠재우면서 가끔 그 곡을 나지막하게 허밍하고 있다.

노을이 물드는 바닷가에서
줄지어 부서지는 파도를 보며
지난날의 못다 한 수많은 꿈을
남모르게 달래보는 호젓한 마음
짧은 여름밤의 꿈
설레이던 그날이 눈에 어린다
- 〈노을〉, 전석환 작사

3월 23일 금요일

외할머니가 외손자에게 제 손으로 떠먹는 훈련을 시킨다며 플라스틱 숟가락을 손에 쥐여주고 밥그릇을 앞에 디밀었다. 그랬더니 녀석은 숟가락을 안 든 손으로 밥을 움켜쥐어 식탁에다 패대기쳤다. 그리고는 플라스틱 숟가락과 손바닥으로 식탁을 탁탁 두들겨 밥알이 사방으로 흩어지게 만들었다. 외할머니가 못하게 말리자 이번엔 반찬 그릇을 들고 식탁을 탁탁 두들겨댔다. 녀석에게 먹인 것보다 식탁과 방바닥에 흩어진 것이 더 많았다. "비싼 돈 들여가며 난타 공연 보겠다고 멀리까지 갈 것 있냐? 동요를 배경음악으로 깔아놓고 재영이가 지금 하는 짓을 보면 되겠구먼."
제 서방이랑 함께 〈난타〉를 관람하려고 예약을 해놓았다는 딸에게 친정 엄마가 하는 소리였다. 휴가 마지막 날을 남편과 오붓하게 보내고 싶은 딸의 마음을 몰라서가 아니라 그냥 웃자고 한 소리였지만, 그래도 옆에서 듣고 있던 사위는 아이를 장모한테 맡겨놓고 저희들끼리만 놀러 다니는 것 같아 미안했던지 죄송하다고 말했다.
"아니야, 내 딸과 함께 즐겁게 놀러 다니면 나도 좋아." 하고 장모는 사위를 안심시켰다.

3월 24일 토요일

외손자 녀석에게 밥을 한 끼 먹이려면 완전 전쟁이다. 무엇이든 손에 먼저 쥐여주지 않으면 첫 숟갈부터 고개를 돌리고, 서너 숟갈 넘기고 나서부터는 어떤 걸 손에 쥐여줘도 소용이 없다. 음식이 제 입에 맞고 안 맞고는 아무 상관도 없다. 맛을 보기도 전에 고개를 돌리는 것이 습관처럼 되었으니까. 오늘 아침도 녀석과의 실랑이로 신경이 바짝 곤두선 아내가 나한테 화풀이하듯 나물들을 몇 가지 무쳐놓았으니 밥은 알아서 좀 먹으라고 했다. 예전 같으면 울화통을 터트리며 밥상을 번쩍 들어 마당으로 내던져버렸을 텐데, 요즘은 던질 밥상도 없고 마당도 없다. 무엇보다도 아내가 외손자 때문에 마음고생이 너무 심한데다 지금 내 처지가 4순위라는 것, 게다가 나이도 언제 그렇게 먹었나 싶게 많이 먹어 철이 좀 들 때도 되었기에 알았다고, 내 걱정 말고 외손자 녀석 밥이나 잘 먹이라고 대꾸한 뒤 다소 처연한 마음으로 부엌에 들어갔다. 커다란 사발에 미나리, 배추, 콩나물 무침을 적당히 덜어 넣은 뒤 전기밥솥에서 밥을 퍼 담아 전자레인지에 넣고 3분쯤 돌렸다. 밥도 따끈해야 하지만 시퍼런 미나리가 숨이 좀 죽어야 잘 비벼지기 때문이다. 거기에다 참기름과 참깨를 한 숟갈씩 넣은 뒤 고추장을 넣고 비볐다. 맛이 아주 담백한 훌륭한 비빔밥이 되었다. 내가 식사를 끝낼 때까지도 외손자 녀석과 씨름을 벌이고 있는 아내에게 밥을 비벼주겠다고 했더니, 좀전에 나한테 화풀이했던 것이 미안한지 한사코 사양했다. 조금 후 아내가 재영이한테 밥을 다 먹이고 부엌에서 혼자 식사하는 걸 보니 내가 비볐던 것보다 훨씬 무성의하게 비빈 밥을 먹고 있었다. 아내가 싫다고 해도 억지로라도 맛있게 비벼줄 걸 하는 때늦은 후회감이 들었다. 아내여, 이젠 나한테 미안해하지 마오. 지난 세월 동안 나와 우리 딸한테 헌신한 것만으로도 당신은 여생 동안 나한테 봉사 받을 자격이 충분히 있다오. 아내한테 그렇게 말해서 엄청 심하게 감동을 한번 줘버리고 싶은 충동을 느꼈지만, 그랬다간 또 "이 양반이 비빔밥을 잘못 먹고 체했나?" 하는 핀잔을 듣기가 십상인지라 그만 꿀꺽 삼켜버렸다.

생전 처음 놀이터에 나가는 날.
녀석은 신이 나서 타박타박 걸어 다니며
놀이기구들을 한 번씩 만져보곤 했다.

3월 26일 월요일

오늘은 재영이가 생전 처음 놀이터에 나가는 날. 평소에는 모자를 씌우면 1초도 안 되어 벗어던지고 신발도 신기면 잠시 후엔 벗어던지던 녀석이 외출 분위기를 감지하자 모자를 씌우고 신발을 신겨도 얌전하게 있었다. 봄바람이 아직 차니까 옷을 단단히 입힌 뒤 놀이터에 안고 나가 내려놓았다. 방 안에서는 비틀비틀 걸으며 걸핏하면 털썩 주저앉거나 넘어지던 녀석이 30~40분 동안 놀이터를 주유하면서도 한 번도 넘어지지 않았다. 신발이 발을 안정되게 지탱해주는데다 바닥이 실내처럼 미끄럽지 않으니까 걷기가 한결 편한 모양이었다. 녀석은 신이 나서 피곤한 줄도 모르고 타박타박 걸어 다니며 놀이기구들을 한 번씩 만져보곤 했다. 방 안에 있을 때도 팽이 돌리기가 전문인 녀석은 돌아가는 운동기구를 보기만 하면 크기를 불문하고 손으로 돌리려고 했다.

첫 외출부터 너무 지칠까 봐 집 안으로 데려와 재우는 것까지는 좋았는데, 잘 자고 일어나서 저녁밥을 너무 안 먹으려고 하는 바람에 외할머니와 또 한 차례 갈등을 빚었다. 스트레스를 잔뜩 받은 아내는 처형한테 전화를 걸어 "아이고, 내 팔자야!" 어쩌고 해가면서 하소연을 하다가 불쑥 "언니, 재영이가 밥만 잘 먹으면 은행이라도 털겠어."라고 말해 옆에서 듣고 있던 나를 깜짝 놀라게 했다. 전화가 끝난 뒤 아내에게 "재영이 밥 먹는 것과 은행털이가 무슨 상관 있는데?"라고 물어보았다. 그랬더니 대뜸 "당신이 걸핏하면 '우리 부부는 손발이 착착 잘 맞아 은행이라도 털 수 있겠다.'고 해서 그런 말이 불쑥 나왔잖아."라며 내 탓을 했다. 그래서 나는 외손자 가정교육 못지않게 아내 가정교육도 퍽 중요하다는 걸 새삼 깨달았다.

3월 27일 화요일

오물거리는 재영이 입속에서 초록색이 살짝 비쳤다. "아니, 윤석이 뭘 먹는 거야? 아, 해봐!" 하고 입을 벌리려고 했지만 녀석은 한사코 고개를 내저었다. 안 되겠다 싶어 억지로 입을 벌리고 손가락을 집어넣어 입안에 든 물건을 꺼내봤더니 세상에! 길이가 3센티는 되어 보이는 비닐 스티커였다. 아침에 녀석에게 밥을 먹이기 위해 동원했던 온갖 물건들 중 하나였는데, 방바닥에 떨어진 것을 그냥 내버려뒀던 모양이었다. 마침 내가 봤기에 망정이지, 그걸 삼키다 목에 걸렸으면 어쩔 뻔했나? 옆에서 보고 있던 아내도 기가 질린 표정으로 "저 녀석은 밥만 빼고 뭐든 다 주워 먹으려고 해."라고 말했다. 방바닥을 발발 기어 다니기 시작할 때부터 눈에 띄는 것이면 뭐든 집어 입으로 가져가기 때문에, 아내는 날마다 진공소제기를 더 세심하게 돌리고 걸레질도 더 꼼꼼하게 해야만 했다. 그렇게 해도 녀석은 어디서 찾아냈는지 항상 뭔가를 주워 입안으로 가져가곤 했다.
비닐 스티커로 한바탕 난리를 치고 나자 며칠 전 티브이 뉴스에 나왔던 어린이집의 못된 교사들이 생각났다. 폐쇄 회로 티브이에 찍히고 있는 줄도 모르고 자기들이 돌보는 아이들이 먹어서는 안 될 것을 주워 먹고 있는데도 "그냥 먹게 내버려둬." 하며 낄낄대고만 있던 망종들. 아무리 남의 집 자식들이지만 천사 같은 아이들이 나쁜 걸 주워 먹는 걸 눈으로 빤히 보면서 어쩜 그럴 수가 있을까? 그런 것들은 인간이 아니라 악마의 자식들임이 분명하다.

3월 28일 수요일

욕실에서 재영이 목욕을 시키고 있던 아내가 갑자기 까르르 웃어댔다. 무슨 일인가 하고 들여다봤더니, 깔깔대는 외할머니를 쳐다보며 녀석도 생글생글 웃고 있었다. 왜 그러느냐고 아내에게 물었더니 얘긴즉슨 이러했다. 녀석을 목욕시키느라 너무 용을 썼던지 방귀가 한 대 뿡 나왔단다. 소리가 좀 컸던지 녀석이 깜짝 놀라는 표정을 짓더니 조금 지나 냄새가 콧속으로 밀려들자 인상을 부욱 쓰더라는 것이었다. 이전에 녀석이 감기에 걸려 콧물을 찔찔 흘릴 때 내가 '코찔찔이'라고 놀리면 오만상을 찌푸리곤 하던 그 표정보다 훨씬 더 심하더라고 했다. 그러면서 "이 녀석아, 넌 하루에도 똥을 두세 번씩이나 싸고, 온갖 것들을 다 먹어 냄새도 이젠 아기 똥답지 않게 고약한데도 이 할매가 다 치워주고 씻어주는데, 내가 방귀 한 대 뀌었다고 고런 인상을 써? 고얀 녀석!" 하고는 또 까르르 웃었다. 내가 보기엔 그것이 나쁜 냄새에 대한 재영이의 생후 첫 번째 반응이 아니었나 싶다.

성난 얼굴 찡그린 얼굴 싫어요 싫어요 싫어요

웃는 얼굴 밝은 얼굴 좋아요 좋아요 좋아요 정말 좋아요

언제나 어디서나 미소를 지어보세요

언제나 어디서나 미소를 지어보세요

- 〈미소〉, 강신욱 작사

3월 29일 목요일

외손자 녀석의 자기주장이 점점 더 강해지기 시작했다. 뭐든 자기 마음대로 하려다가 제지를 당하면 큰 소리로 불평하거나 울부짖었고, 쉽게 포기하지 않고 몇 번씩이나 다시 시도하곤 했다. 서랍 속 물건들을 꺼내어 흩어놓지 못하도록 달아놓은 잠금장치를 비틀며 신경질을 부리는가 하면, 이제 14개월밖에 안 된 녀석이 외할머니나 외할아버지를 놀리듯 생글생글 웃으며 기어이 제 고집대로 하기도 했다. 밤 10시가 넘어 내가 재우려고 품에 안고 토닥이며 노래를 불러줘도 두 손으로 내 가슴을 밀어내며 계속 거부했다. 저항력을 약화시키려고 플라스틱 자동차에 태워 거실을 쉰 바퀴쯤 돌린 후에 다시 시도해봤지만 마찬가지였다. 가슴을 밀어내는 데도 억지로 재우려고 하자 반항하며 울려고 했다. 결국 외할머니가 업어서 재워야겠다며 등을 돌려댔다. 하루 종일 녀석한테 뭘 먹여야 하나 골머리를 앓으며 슈퍼마켓과 부엌 사이를 오락가락하고 녀석과 함께 놀아주느라 몸도 마음도 다 지쳤을 텐데, 밤늦은 시각에 녀석을 또 업어서 재워야 하니 아내는 무척 힘이 들 것이다. 그런데도 내가 도와줄 방법이 없었다. 그러니 나라도 자야겠지?

3월 30일 금요일

"재영아, 할아버지한테 가봐. 안녕히 주무셨어요, 인사해." 아침에 일어나자마자 내 방 문을 열고 들어오던 녀석이 오늘 아침엔 거실에서 외할머니가 여러 차례 시켜도 들어올 낌새가 없었다. 어제 내가 강제로 재우려고 했던 것에 대해 나름대로 유감 표명을 하는 걸까? 내가 거실로 나가서 이리저리 달래 봐도 녀석의 반응은 심드렁하기만 했다. "어제 억지로 재우려고 해서 서운했나 봐."라고 아내가 말했다. "애들은 생각보다 무척 민감하다니까."
녀석의 기분을 돌리기 위해 시디플레이어를 틀어놓고 원숭이 인형 코코몽을 녀석 눈앞에서 흔들어대도 별 반응이 없었다. 그래서 코코몽을 내 가랑이 사이로 끼워 넣어 엉덩이 쪽으로 나오게 한 뒤 양쪽 허벅지를 붙이고 걸어갔다. 그러자 내 꽁무니에 달라붙은 코코몽이 팔다리를 요란하게 흔들어대며 희한한 춤을 추기 시작했다. 시무룩하게 앉아 있던 녀석이 갑자기 까르르 웃으며 내 뒤를 졸졸 따라다니기 시작했다. 그 꼴을 보고 있던 아내도 배꼽이 빠지게 웃어댔다. 내 꽁무니에 매달린 코코몽의 동작이 진짜 웃긴다는 거였다. 재영이도 기분이 완전히 달라져서 내 뒤를 따라다니며 계속 깔깔댔다. 뭐가 그렇게 우습나? 하고 거울에 내 뒷모습을 비춰봤더니 아닌 게 아니라 코코몽의 동작보다 내 꼴이 정말 가관이었다. 원래 생각이 좀 유치한 편이었던 나는 재영이와 같이 놀면서 수준이 서로 엇비슷해진 것 같다. 그러면 뭐 어때? 우리 외손자 녀석이 다시 명랑해졌으면 됐지. 나는 코코몽을 가랑이에 끼고 거실을 몇 바퀴 더 돌았다. 재영이도 계속 깔깔대며 내 뒤를 졸졸 따라다녔고, 시디플레이어에서는 계속 동요가 흘러나왔다.

굴속의 작은 곰 새봄이 왔는데 잠만 자네요
잠자는 모습이 웃겨 코를 골고 자네 쿨쿨
깜짝 놀라 일어나 먹을 것을 보더니 맛있게도 먹는다
- 〈굴 속의 작은 곰〉, 작자 미상

4월 2일 월요일

놀이터에 재영이를 데리고 나가면 놀이기구들도 다 긴장하는 것 같다. 자기방어 능력이라고는 제로인 녀석이 어디로 가서 무엇과 충돌할지 알 수가 없어 마음이 늘 조마조마하기 때문이다. 14개월 된 녀석이 앞만 바라보고 놀이터를 가로질러 타박타박 걸어갈 때는 빙빙 돌아가는 회전 기구들과 오르락내리락하는 시소, 왔다 갔다 하는 그네, 오리나 펭귄 모양의 각종 탈것들이 모두 흉기처럼 보이고, 그 사이로 뛰어다니는 아이들과 자전거들은 탄환처럼 느껴진다. 내가 옆에서 게걸음으로 따라가며 사전에 위험을 차단하지 않으면 돌아가는 기구나 달려드는 아이들한테 언제 어떤 식으로 부딪쳐 나동그라질지 알 수가 없다. 하룻강아지 범 무서운 줄 모른다고, 14개월 된 재영이는 세상에 두려운 것이 없다. 이런 녀석을 키워 자기방어력을 갖춘 사회 일원으로 내보내기까지 부모와 주위 사람들은 얼마나 많은 노력과 정성과 사랑을 쏟아 부어야만 하겠는가.

딸아이가 무슨 일이 있어 퇴근이 늦을 것 같다고 전화해오고 비바람도 치고 하니 오늘 밤엔 외갓집에서 재영이를 재우기로 했는데, 아범이 퇴근길에 새끼가 보고 싶었는지 평소처럼 들렀다. 부자는 거실에서 한 시간쯤 신나게 뒹굴며 놀았다. 아범이 아들을 좋아하는 이상으로 재영이도 아빠를 엄청 좋아한다. 아빠가 거실로 들어오는 순간 녀석은 외할머니 외할아버지를 완전히 찬밥 취급하니까.

4월 3일 화요일

돌을 갓 지난 녀석이 집 안을 발발거리며 돌아다니다 보니 문을 한 번 열고 닫는 데도 조심하고 신중해야만 한다. 녀석이 어느새 문 뒤에 와서 서 있을지 알 수 없기 때문이다. 아무 생각 없이 문을 열었다간 녀석이 문에 부딪혀 나동그라지거나 앞으로 자빠져 다치는 일이 생길 수 있다. 그러니까 문을 열 때는 항상 뒤에 녀석이 서 있을지 모른다는 가정 하에 살며시 열어야만 한다. 녀석을 소파나 식탁 의자에 앉혀놓고 잠시만 한눈팔아도 그 사이에 추락하는 일이 비일비재하다. 막상 당하고 보면 하필이면 그런 순간만 골라 사고를 칠까 싶을 정도로 희한하게 어른들이 방심한 그 순간을 녀석은 노린다. 그러니까 사고를 미연에 방지하자면 어른들이 계속 긴장할 수밖에 없다. 녀석이 올라가서 떨어질 만한 곳은 아예 못 올라가게 막는 수밖에 없는데, 너무 못하게 해도 반발심을 키우는 꼴이 되어 곤란하다. 따라서 소파나 침대 같은 곳은 오르락내리락하는 연습을 사전에 충분히 시키는 편이 오히려 낫다. 녀석이 기어들거나 빠져들 만한 곳들은 미리 봉쇄하고, 손가락이나 젓가락으로 찔러 감전당할 만한 곳들은 플라스틱 뚜껑으로 꼼꼼히 틀어막아야 한다. 녀석이 머리를 부딪칠 만한 곳마다 충격 완충재를 붙였는데도 언제 어디서 박았는지 녀석의 머리나 얼굴에는 거의 매일 발그레한 자국이 생겼다가 없어지곤 한다. 앞으로 커갈수록 점점 더할 테니 녀석의 일거수일투족을 살피다 내 만년이 저물게 생겼다.

4월 5일 목요일

"내가 네 인간성을 알아봤다!" 육십 먹은 외할머니가 14개월 된 외손자에게 밥을 먹이다 말고 대뜸 하는 말이었다. 무슨 소리냐고 물었더니, 어제저녁 재영이가 아범 입에는 딸기를 여러 차례 넣어주면서 외할머니는 옆에서 아무리 "아! 아!" 하고 입을 벌려도 한 번도 안 넣어주더라는 것이다. 날이면 날마다 제 녀석 거둬 먹이느라 머리가 셀 지경이고, 그 딸기도 외할머니가 그릇에 담아준 건데 어쩜 고렇게 암팡지게 배신을 때릴 수가 있느냐고 했다. 하긴 아범이 없을 때도 맛있는 건 제 입으로 가져가고 맛없는 것만 외할머니나 외할아버지 입에 가끔 한 번씩 넣어주던 녀석이었다. 당연히 제 입으로 가져갈 맛있는 것을 아빠 입에 넣어주는 걸 보면 녀석이 아빠를 좋아해도 엄청 좋아한다는 뜻이었다. 아내는 겉으로는 서운한 척하면서도 속으로는 재영이가 그러는 것이 어지간히 귀여운 모양이었다. 나한테는 재영이가 외할머니나 제 엄마를 좋아하는 것보다는 제 아빠를 좋아하는 것이 얼마나 다행인지 모른다고 말했으니까. 아이가 엄마나 외할머니한테 착 달라붙어 안 떨어지려고 하면 얼마나 힘들겠느냐고 반문하기도 했다. 아범한테도 그런 녀석이 살갑게 느껴질 거고, 회사 다니는 딸아이한테도 오히려 좋은 일이라고 했다. 그러면 됐네 뭐. 그런데 왜 돌 갓 지난 녀석한테 인간성을 들먹이고 그래 쌓노?

4월 6일 금요일

재영이를 재우려면 노래가 여러 가지 필요하다. 녀석이 잠들 때까지 같은 노래만 반복해 부르면 내가 지루해지기 때문이다. 그래서 생각나는 대로 부르다 보면 노래들에 얽힌 나의 개인적 추억도 함께 떠오를 때가 있다.

오가며 그 집 앞을 지나노라면
그리워 나도 몰래 발이 머물고
오히려 눈에 띌까 다시 걸어도
되오면 그 자리에 서졌습니다
불빛에 비 내리는 가을 저녁에
외로이 그 집 앞을 지나는 마음
잊으려 옛일을 잊어버리려
불빛에 빗줄기를 세며 갑니다
- 〈그 집 앞〉, 이은상 작사

이 노래는 고교 시절 하얀 얼굴에 몸이 포동포동한 여선생님한테 배웠다. 남편은 육군 장교였는데 이혼했다는 소문이 있었다. 소프라노가 아름답고 노래를 좋아해서 방과 후 음악실에 모여드는 합창반원들에게 피아노 반주를 해가며 늦은 시각까지 노래를 가르쳐주곤 했다. 나는 그녀를 통해 명곡과 가곡들을 많이 접하게 되었고, 그때 배운 노래들은 평생 나의 기쁨과 위안이 되어주었다. 그리고 그녀는 내 인생에서 영원히 지워지지 않는 존재가 되었다.

그로부터 40년쯤 세월이 흐른 어느 해 고교 동창회에서, 나는 그 시절 합창반에서 함께 노래했던 동창생을 만나 맨 먼저 그녀에 대한 소식을 물었다. 그리고 그녀가 우리들이 졸업한 그 다음다음 해에, 한 제자와의 스캔들로 학교를 그만두었다는 소식을 들었다. 나는 청아한 목소리로 〈그 집 앞〉이라는 노래를 곧잘 불렀던 한 선배의 잘생긴 얼굴을 떠올렸다. 그녀가 유독 그 선배만 좋아하는 것 같아서 우리 모두의 질투심을 유발하곤 했던 선배였다. 아, 그 선배와 기어이 그런 일이 있었나 보구나. 요즘 식으로 생각하면 딱히 이해 못할 일도 아니었다. 한 이혼녀와 순진한 소년의 사랑일 뿐이다. 하지만 약간 슬픈 생각이 들었다. 내가 가장 사랑했던 선생님이자 여인 중 한 분이었는데, 교직에서 밀려나 혼자 몸으로 세상을 얼마나 힘들게 살아가야 했을까? 아직 살아 계시기나 할까?

4월 7일 토요일

오늘은 우리 외손자가 유모차를 졸업하고 자가용으로 갈아타는 날이다. 모처럼 일 좀 해볼까 하고 아침부터 컴퓨터 앞에 앉아 있는데 현관에서 딩동 소리가 나더니 커다란 상자 하나가 배달되어 왔다. 딸아이가 백화점에 주문한 뽀로로 세발자전거였다. 그런데 조립을 해야 하는 지난한 일이 기다리고 있었다. 기계에 대해서는 거의 공포증을 품고 있는 나는 아예 자신 없으니 아범이 오면 조립하라고 아내한테 말하며 도망칠 궁리부터 했다. 그랬더니 별것도 아닌데 해보기도 전에 겁부터 낸다고 쫑알대는 바람에 마지못해 달려들었다. 하지만 열패감을 안고 도전한 일에 승리란 있을 수 없었다. 간신히 자전거 뼈대는 끼워 맞췄지만 더 이상 어떤 걸 어디에 끼워야 할지 알 수가 없어 비지땀만 줄줄 흘렸다. 아내가 옆에서 거든답시고 이런저런 훈수를 두는 것까지 짜증나서 마침내 손에 들고 있던 것을 패대기치고 저녁에 아범 오면 조립시키라고 소리친 뒤 내 방으로 들어와버렸다. 그렇지만 컴퓨터 앞에 앉아도 일이 손에 잡힐 리 없었다. 짜증 나고 자존심도 상하고 실망한 외손자 녀석 얼굴을 생각하니 심기가 몹시 불편했다. 이럴 경우 아내는 아무 말 없이 혼자 그 일을 하염없이 주물럭거린다. 그렇지만 세발자전거 조립은 여자 손으론 아무래도 버거운 일이었다. 아내도 그걸 잘 알지만 혼자 하염없이 주물럭거리고 있으면 십중팔구 내가 다시 나온다는 것까지 잘 알고 있었다. 결국 나는 다시 거실로 나갈 수밖에 없었고, 이번엔 열패감 대신 오기로 달려들었다. 아내의 훈수와 도움을 받아가며 한 시간쯤 치열하게 뺐다 끼웠다 반복한 끝에 간신히 조립에 성공했다. 재영이를 태우고 거실에서 시승식을 하니 녀석이 좋아서 물고기처럼 파닥거렸다. 저렇게 좋아하는 것을. 덕분에 오전 일은 완전히 말아먹었지만 기분이 흐뭇했다. 그런데 저녁에 딸아이가 와서 세발자전거 조립 상태를 살펴보더니, "아빠, 운전대를 반대 방향으로 끼웠잖아요. 뽀로로가 전방을 향하도록 조립했어야죠."라고 지적했다.
에이, 참! 어쩐지 손잡이가 아이 손에서 너무 멀게 느껴지더라니. 난 또 신식 손잡이라 그런 줄 알았지. 투덜대며 운전대 부분을 다시 분해하여 재조립하고 나자 딸아이가 이번엔 건전지 박스를 가리키며 건전지를 끼워 넣어야 한다고 했다. 거참, 아까 내 눈에는 안 보이더니 그런 박스가 또 있었나? 책상 서랍에서 건전지를 찾아내어 박스에 끼운 뒤 운전대 앞의 버튼을 누르자 뽀로로 음악이 거실로 쏟아져 나왔다. 히야, 요것 봐라! 하하. 나와 아내, 딸과 외손자가 모두 한꺼번에 행복해진 순간이었다.

안녕 친구들. 안녕 친구들
모두 함께 놀자 개구쟁이 뽀로로
안녕 친구들. 안녕 친구들
모두 뛰어놀자 뽀롱뽀롱 뽀로로

야, 뽀로로다!

언제나 즐거운 개구쟁이 꼬마 펭귄 뽀로로

귀여운 내 친구 개구쟁이

뽀롱뽀롱 뽀롱뽀롱 뽀로로

뽀롱뽀롱 뽀롱뽀롱 뽀로로

- 〈안녕 친구들〉, 뽀로로 OST

4월 9일 월요일

14개월 된 우리 외손자가 스텝 댄스를 기똥차게 춘다고 주장하면 모두들 웃겠지만, 하나도 우스울 것 없는 엄연한 사실이다. 녀석 기분이 한창 좋을 때는 조금 과장해서 두 발이 안 보일 만큼 빠르게 스텝을 밟아댈 뿐만 아니라, 록 가수 못지않게 머리까지 아래위 좌우로 세차게 흔들어댄다. 외할머니가 정성껏 만든 음식을 배불리 먹은 뒤 시디에서 제가 좋아하는 신나는 동요가 흘러나올 때, 녀석의 스텝 댄스는 갑자기 시작되곤 했다. 특히 한참 동안 엄마 아빠를 못 보다가 오랜만에 만나 신이 났을 때는 스텝이 더욱 격렬해지고, 주위에서 사람들이 '짝짝 짝짝짝!' 박수까지 쳐주면 정신 못 차릴 정도로 방방 뛰다가 방바닥에 픽 쓰러지곤 했다. 성격이 워낙 쾌활한 데다 신명까지 넘치게 많은 녀석이다.

4월 10일 화요일

아내도 나이 먹어 눈이 침침한지 재영이한테 먹일 생선 가시를 발라내기도 이젠 힘들어한다. 돋보기를 쓰고 일일이 발라냈는데도 아주 작은 가시 하나가 속에 숨어 있었던 모양이다. 목에 가시가 걸리자 녀석이 갑자기 희한한 표정을 짓더니 손가락을 입으로 가져갔다 귀로 가져갔다 하며 어쩔 줄 몰라했다. 뭔가 이상하긴 한데 어디가 어떻게 이상한지 잘 모르겠다는 표정이었다. 하긴 녀석으로서는 생전 처음 겪는 경험일 터였다. 당황한 아내가 녀석에게 물을 먹이고 김을 조그맣게 말아 먹이자 그것을 삼키면서 가시도 함께 넘어갔는지 녀석의 표정이 제대로 돌아왔다. 아내와 나는 한바탕 웃음을 터트렸지만 한편으론 안도의 한숨을 내쉬었다. 그만하길 다행이지, 더 큰 가시가 목에 걸려 병원으로 달려가야 했다면 어쩔 뻔했나. 녀석이 하도 밥을 안 먹으려고 하자 아내가 이마트에서 일부러 비싼 생선을 사와서 먹이다가 벌어진 일이었다.

요즘 우리 집안이 온통 외손자 녀석에게만 초점이 맞춰져 있다. 녀석을 먹이고, 재우고, 데리고 놀고, 씻기고, 재우고 하다 보면 하루가 어떻게 가는지 모를 정도다. 아내는 진이 빠질 지경이지만 재영이가 밥만 잘 먹어주면 살겠다고 한다. 녀석을 먹이기 위해서라면 어떤 수고도 아끼지 않는다. 그러다 보니 자신과 남편인 나는 자연 뒷전이 될 수밖에 없다. 외손자 녀석을 다 먹인 뒤에야 우리 부부는 되는 대로 아무렇게나 한술 뜨거나, 전화로 닭튀김이나 피자를 주문해 먹거나,

아범이 재영이를 데려간 후에 부부가 함께 나가 간단한 외식으로 끼니를 때우곤 한다. 벌써 몇 달째 이러고 나니 이게 정말 잘 하는 짓인지, 언제까지 이러고 살아야 하는지 한심스러울 때도 있다. 집안에서 어른들을 다 제쳐두고 특별 대우 받으며 자란 녀석이 과연 제대로 인간이 되어줄지도 걱정스럽고, 우리들의 만년을 이렇게 살아야 하나 싶어 서글픈 생각도 든다. 고생도 할 만큼 했고, 아내 나이도 환갑이 넘고 나도 60대 중반으로 접어드는데, 이젠 이리저리 여행이나 다니며 좀 유유자적하며 살 때도 되지 않았는가 말이다. 이 나이에 밤중에 슬리퍼 꿰신고 외손자 녀석이 마실 앙팡 베이비를 사러 동네 슈퍼로 심부름이나 다녀야 하니 짜증이 날 때도 있다. 하지만 내가 안 가면 아내가 가야 하고, 아시다시피 아내는 늘 바쁘고 피곤한 상태다. 이 모든 것이 외손자 녀석 재롱을 보는 값이라고 치부하기엔 희생이 너무 크다는 생각이 들 때도 있다.

4월 11일 수요일

오늘은 전국 국회의원 선거일이다. 아침 식사를 마친 뒤 재영이를 뽀로로 자전거에 태우고 아파트 단지 내 투표소로 갔다. 이른 시각이라 사람들이 많지 않았다. 네댓 사람 뒤에 줄을 서 있는데 재영이가 자전거 손잡이 앞 버튼을 손가락으로 꾹 눌렀다. 그러자 "야아, 뽀로로다! 안녕 뽀로로?" 하는 노래가 흘러나오기 시작했고, 투표소 안에 있던 사람들이 일제히 우리를 돌아보았다. 하하, 석양의 무법자는 아니지만 우리 외손자도 천지를 구분 못하는 무법자인데, 무대에 등장하면서 배경음악이 없을 순 없지. 나는 시침 뚝 딴 표정으로 세발자전거를 밀고 들어가 인적 사항을 확인한 뒤 투표지를 받아 칸막이 안으로 들어갔다. 지금까지 여당이 해온 짓거리가 하나도 마음에 안 들었고 여당 후보자로 나온 인물은 더욱 혐오스럽지만 눈물을 삼키고 새누리당과 그 후보를 찍을 수밖에 없었다. 이유는 딱 하나. 여당보다는 야당들이 하는 짓거리가 더 마음에 안 들고 더 혐오스럽기 때문이었다. 우리 국민은 언제쯤이나 정말 마음에 드는 지도자를 뽑을 수 있는 행운을 누리게 될까? 지금처럼 마음에 안 드는 인간들 가운데서 비교적 나은 인간을 뽑는 일은 이젠 정말 지겹다.

4월 12일 목요일

외손자 녀석이 곱게 밥을 먹을 때가 없다. 조기나 고등어를 밥 위에 얹어 코앞에 디밀어도 맛도 보기 전에 고개를 싹싹 돌린다. 무언가 가지고 놀 것을 손에 쥐여줘야 간신히 입을 벌리는데, 그것도 매번 새로운 것을 쥐여줘야 한다. 어떤 물건이든 잠시만 가지고 놀면 곧 흥미를 잃어버리기 때문이다. 아내가 온갖 물건들을 동원하다가 마침내 내 휴대폰까지 녀석의 손에 쥐여주게 되었다. 덕분에 녀석이 밥을 다 먹을 동안 내 휴대폰은 몇 차례나 식탁에서 방바닥으로 떨어지는 불운을 당해야만 했고, 그것도 모자라 녀석이 생선 만지던 손으로 마구 만져 비린내까지 솔솔 풍겼다. 나중에 물수건으로 닦고 다시 마른 수건으로 싹싹 닦았는데도 비린내는 희미하게 남아 있었다. 미쳐~.

4월 13일 금요일

놀이터에서 돌아오자마자 재영이는 내 품에 안긴 채 잠들었다. 놀이터에서 오리와 펭귄도 타고, 시소도 타고, 회전 기구들도 타고, 팔랑개비도 돌리고, 형 누나들 뒤를 졸졸 따라다니느라 제 딴엔 고단했던 모양이었다. 나는 녀석을 안은 채 소파 위에 편안하게 드러누운 다음 녀석의 다리를 똑바로 펴주었다. 그러자 내 배 위에 엎드린 자세로 코를 탈탈 골기 시작했다. 녀석이 밥을 하도 안 먹어서 내가 먼저 점심 식사를 끝내고 혼자 산책을 나갔더니, 자기를 안 데리고 갔다고 외할머니한테 강짜를 부리더란다. 산책에서 돌아와 보니 옷을 다 차려입고 세발자전거까지 타고 아파트 복도에서 기다리고 있었다. 날마다 놀이터에 데리고 나갔더니 이젠 외할아버지가 옷만 입어도 밖에 나가는 줄 알고 눈을 반짝이며 쳐다본다. 요즘은 자기 의사를 전달하려고 그럴듯한 표정까지 지어가며 뭐라고 따따따따 지껄여대긴 하는데 아직 말이 되어 나오진 않고 있다. 또래의 친구들과 어울리면 의사 전달 욕구가 강해져서 말을 빨리 하게 되지 않을까 하는 생각도 든다. 그래서 외할머니는 아파트 단지 내 어린이집에 보내는 문제를 고려하고 있는 모양인데, 딸아이는 아직 재영이가 너무 어려서 선뜻 내키지 않는다고 했다.

4월 14일 토요일

아내가 갑자기 쑥국이 먹고 싶다며 쑥 캐러 가는데 같이 가자고 했다. 본인이 먹고 싶어서가 아니라, 사위한테 쑥국과 쑥 부침개를 먹이고 싶어 그러는 장모의 마음을 모르지 않는 나는 군소리 없이 따라나섰다. 자동차로 10여 분 거리에 있는 저수지 근처에 차를 세워놓고 비닐봉투와 칼만 하나 들고 둑 아래로 걸어 들어갔다. 아내가 쑥을 캐는 동안 나는 둑 위로 올라가서 사내들이 매를 훈련시키는 것을 구경했다. 한 사내가 기다란 끈에 고깃덩이를 매달아 공중에 빙빙 돌리다가 매가 그것을 낚아채려고 수직 하강하면 살짝 피해 버리곤 했다. 쑥을 웬만큼 캔 아내가 그만 돌아가자고 손짓해서 나는 둑을 내려왔다. 원님 덕에 나팔 분다고 오늘 저녁엔 나도 사위 덕에 쑥국 한 그릇과 쑥 부침개 한 쪽은 얻어먹게 생겼다. 그걸 감지덕지해야 할지는 잘 모르겠지만.

4월 15일 일요일

딸아이가 당직이라 아범이 오후에 재영이를 데리고 처갓집으로 건너왔다. 그런데 낮잠을 자고 난 녀석이 외할머니가 주는 밥과 과일과 우유를 잘 받아먹더니 기운이 뻗치는지 좀 지나치다 싶게 방방 뛰었다. 녀석이 저렇게 흥분해서 설치는 날엔 밤에 잠을 잘 안 잔다. 흥분한 기분도 남아 있지만 너무 방방 뛰어 다리도 아프기 때문이다. 밤늦게까지 안 자고 이 방 저 방으로 뛰어다니며 설치더니 기어코 사고가 터졌다. 내 방 책장 모서리에 이마를 찧은 것이었다. 금방 숨이 넘어갈 듯 울어대더니 생각보다는 빨리 그쳤다. 한창 좋던 기분에 너무 오래 울 수도 없었던 모양이다. "아이고, 아프겠다!" 하며 아내가 아이 머리카락을 쓸어 올리고 불빛에 머리를 비춰보았다. 이마 위쪽에 조그마한 혹이 볼록 솟아 있었다. 그 연한 피부가 안 찢어진 게 다행이다 싶어 아내와 나는 가슴을 쓸어내렸다. 녀석이 머리로 박을까 봐 걱정되어 책들을 모두 바깥쪽으로 빼내어 벽처럼 만들어놓았는데도 하필이면 드러난 모서리 부분에다 머리를 찧은 것이다. 기가 막혔다. 당장 그 자리에다 두꺼운 방충재를 대고 테이프로 단단히 붙였다. 다음에는 또 어느 곳을 귀신같이 찾아내어 들이받을꼬? 신경이 바짝 곤두서지 않을 수 없다. 녀석이 어디를 찾아 어떻게 들이받든 그 책임은 무조건 어른들한테 있다. 이제 겨우 14개월 된 녀석에게 무슨 책임을 묻겠는가?

4월 16일 월요일

놀이터에 데려다 놓으면 땅바닥을 내려다보며 무작정 걷기만 하던 녀석이 요즘은 형들과 누나들이 노는 것을 열심히 구경하거나 감히 끼어들려고 한다. 한쪽에 세워둔 제 뽀로로 자전거를 서너 살짜리 형이 만지자, 녀석은 슬금슬금 다가가 자전거 핸들을 붙잡으려고 했다. 소유권을 주장한 셈인데, 그 형이 팔로 막으며 밀어내자 녀석은 비칠비칠 옆으로 물러나며 헤에 웃었다. 아니, 제 것을 빼앗기고도 저렇게 웃기만 하나? 그 형이 버튼을 눌러 뽀로로 노래가 흘러나오자 재영이는 다시 다가가 핸들을 붙잡으려고 했다. 그 형이 또 팔로 밀어냈고, 녀석은 또 힘없이 밀려나서 헤에 웃기만 했다. 제 어미는 어릴 때 밖에 나가면 남의 자전거나 장난감을 붙잡고 안 빼앗기겠다며 앙앙 울어댔는데, 이 녀석은 영 딴판 아닌가? 결국 제 자전거를 포기하고 시소 쪽으로 이동한 녀석에게 이번엔 서너 살 먹어 보이는 누나가 귀엽다며 빵을 하나 주었다. 어른 엄지만한 팥빵을 손에 받아든 녀석은 먹을 생각도 않고 꼭 쥐고만 있었다. 결국 뽀로로 자전거하고 팥빵 한 개를 맞바꾼 셈이지만, 아리따운 연상의 여인한테서 맛있는 빵을 받았으니 그게 어딘가? 먹기도 아까운 듯 녀석은 외할아버지가 찾아온 자전거를 타고 집으로 돌아올 때까지 빵을 손에 꼭 쥐고만 있었다. 그것은 녀석이 이 세상에 태어나서 얻은 첫 수확물이었다. 그것도 아리따운 연상의 여인(?)한테서 받은.

4월 18일 수요일

놀이터에서 한 시간쯤 논 뒤 뽀로로 자전거를 타고 개울 따라 산책까지 하고 온 녀석이 도무지 피곤한 기색이라곤 없다. 녀석을 재워야 내 일을 할 수 있기 때문에 소파에 쪼그리고 앉아 가슴에 보듬어 안고 자장가부터 시작하여 달맞이꽃에 이르는 여남은 가지 노래를 계속 불러줬는데도 녀석은 이따금씩 고개를 반짝반짝 처들며 생글생글 웃기만 했다. 소파에 드러누워 녀석을 배 위에 올려놓고 토닥거려 봐도 마찬가지였다. 이건 좀 이상하다 싶어 녀석의 기저귀를 살짝 열어봤더니 아이쿠, 쓰나미다! 똥을 싸서 엉덩이가 찝찝하니까 잠을 못 잔 모양이었다. 아내가 수영하러 가기 전에 녀석이 싼 똥을 치우고 엉덩이까지 깨끗이 씻어줬는데 그 사이에 또 싼 것이다. 할 수 없이 내가 치워야만 할 상황. 기저귀로 녀석의 엉덩이를 닦아내고 물티슈로 대충 닦아주었다. 서툰 솜씨로 녀석을 안고 물로 엉덩이를 씻어주려다 아차 하는 순간 떨어뜨리기라도 하면 큰일이니까 아예 시도하지 않았다. 그나저나 똥을 쌌으면 쌌다고 말을 해야지, 고렇게 생글생글 웃기만 하면 이 외할아버지가 어찌 안단 말이냐! 기저귀를 새것으로 갈아준 뒤 플라스틱 자동차에 태워 거실을 스무 바퀴쯤 돌리고 나서 소파로 안고 가서 재웠더니 그제야 색색 잠이 들었다.

4월 20일 금요일

재영이는 어딜 가도 굶고 다니진 않겠다 싶다. 오늘은 놀이터에서 아줌마들이 딸기와 수박을 먹고 있는 벤치로 아장아장 걸어가더니 빤히 바라보았다. 마치 "제가 이렇게 보고 있는데 그게 제대로 목구멍에 넘어가요?"라는 듯한 표정을 하고. 어떻게 하는지 보려고 그냥 내버려뒀더니, 한 아줌마가 딸기를 하나 주자 날름 받아먹지 않고 뒷걸음치며 고개를 저었다. 아줌마가 다시 내밀자 그제야 못 이기는 체하고 입을 벌려 받아먹었다. 그러더니 입을 오물거리며 벤치를 떠나 놀이터를 한 바퀴 돈 다음 다시 그 자리로 돌아가서 그들을 빤히 바라보았다. 다른 아줌마가 수박을 한 쪽 내밀자 이번에도 냉큼 받아먹지 않고 고개를 저으며 물러서더니 두세 번째 권하자 마지못한 듯 입을 벌려 받아먹었다. 그리곤 다시 입을 오물거리며 놀이터를 한 바퀴 돈 다음 또 벤치로 다가가서 아줌마들을 빤히 바라보았다. 아줌마가 수박 한 쪽을 또 내밀자 이번에도 고개를 저으며 뒷걸음질을 치다가 "정 그렇게 주시고 싶다면 받아먹죠 뭐."라는 듯 입을 딱 벌리고 받아먹었다. 뭐 이 정도면 거의 철판 아닌가 싶었고, 그 점은 제 엄마를 빼다 박은 것 같았다.

4월 21일 토요일

집안 장손인 재영이가 보고 싶어서 대구에서 친할아버지 할머니께서 올라오셨다. 어른들은 반가운 마음에 손자를 덥석 안았지만, 어린 손자는 오랜만에 만난 할아버지 할머니가 낯설어 겁에 질려 울었다. 내 손자인데, 내 귀한 피붙이인데 나를 몰라보고 울며 뿌리치니 할아버지 할머니의 마음은 몹시 서운하고 침통했을 것이다. 외할아버지 외할머니인 우리는 괜히 사돈 내외 보기가 면구스럽고 안쓰러웠다. 그동안 멀리 떨어진 곳에서 손자를 얼마나 그리워했으면 앞뒤 생각 없이 덥석 안으려고 했을까? 어린아이 심정을 헤아려 천천히 얼굴을 익혀가며 충분히 친해진 뒤에 안아줬으면 좋았을 텐데, 할아버지와 할머니는 그럴 마음의 여유가 없었던 것이다. 사돈 내외를 탓할 수도 없고, 어린 재영이를 나무랄 수도 없는 일이었다. 재영이가 무럭무럭 자라나서 친할아버지 할머니를 오랜만에 만나더라도 금방 알아보고 생글생글 웃을 날이 어서 오기만을 기다릴밖에.

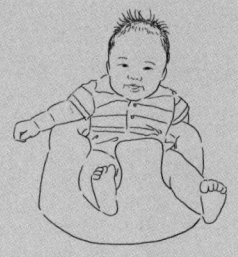

재영이는 요즘 말을 배우느라 열심이다.
걷는 단계에서 뛰는 단계로 접어들어 멍도 가실 날이 없다.
아이고, 딱하기도 하지!

4월 24일 화요일

재영이가 요즘 말을 배우느라 열심이다. '따따따따 때때때때'는 졸업하고 이젠 혀가 입안에서 씨름을 하는지 공중제비를 넘는지 모를 정도로 심하게 구르며 무어라 열심히 지껄여댄다. 어른들이 하는 말과 행동을 흉내 내어 그대로 따라 하기도 한다. 자기주장도 점점 강해져서 마음대로 안 되는 게 있으면 '아앙' 소리치며 울어댄다. 행동도 부쩍 번다해져서 걸핏하면 자빠지고 여기저기 머리를 박는다. 낮에 놀이터에 다녀오면 피곤한지 자장가를 한 곡도 다 부르기 전에 잠들고 말지만, 밤에는 안 자려고 바둥거리고 외할머니가 업자고 하면 재우려고 그러는 줄 알고 막 도망친다. 그럴 때엔 소파에 앉아 내 배 위에 올려놓고 노래를 열 곡쯤 불러줘야 겨우 잠이 든다. 내가 노래를 부르면 녀석은 배 위에 엎드린 채 가만히 듣고 있다. 한 곡이 끝났다고 해서 뚝 끊어서는 안 된다. 그랬다간 녀석이 고개를 반짝 들고 새액 웃으며 놀자고 하고, 그러면 지금까지 불렀던 노래들이 모두 무효가 되기 때문이다. 그래서 자장가 세 곡을 연달아 부른 다음에는 〈섬집 아기〉, 〈엄마야 누나야〉, 〈달맞이꽃〉, 〈노을〉, 〈그 집 앞〉, 〈망향〉 등 다른 노래들을 계속 이어서 불러야 한다. 노래가 얼른 생각나지 않으면 앞에 불렀던 노래를 허밍으로 반복하다 보면 어느 순간 녀석이 잠에 깜박 빠져들고, 그때 자리에 갖다 누이면 두어 시간쯤은 걱정 안 해도 된다. 그때부터가 우리 부부의 휴식 시간이다.

4월 26일 목요일

아침에 보니 재영이 오른쪽 볼에 파르스름한 멍이 들어 있었다. "아차, 하는 순간에 그렇게 됐습니다." 하고 출근길에 아이를 맡기러 온 아범이 변명하듯 말했다. 재영이는 요즘 걷는 단계에서 뛰는 단계로 접어들었다. 그런데 잘 걷지도 못하면서 뛰려고 하니 노상 넘어지기 일쑤고, 아이들은 넘어질 때 가장 잘 다친다. 재영이가 흥분해서 스텝 댄스를 추며 마구 질주할 때는 '조심! 조심!' 하고 소리를 지르든가 재빨리 다가가서 붙잡아야 한다. 그냥 내버려두면 넘어지면서 가구나 벽, 혹은 방바닥에 머리나 얼굴을 찧기 십상이다. 사나운 강아지 콧잔등 아물 날 없다고 하지만, 우리 재영이는 착하고 순하기만 한데도 요즘 머리와 얼굴에 멍이 가실 날이 없다. 아이고, 딱하기도 하지!

4월 28일 토요일

딸아이한테서 전화가 왔다. 재영이를 데리고 키즈 카페에 왔는데, 녀석이 빈 커피 잔을 들더니 훅훅 불며 마시는 시늉을 한다는 것이었다. 우리 부부가 아침 식사 후 커피 마시는 걸 보고 그대로 따라 한 모양이었다. 딸은 그게 신기한지 몇 번이나 자랑했다. 재영이가 따라 하는 게 그뿐만은 아니다. 내가 양치질을 하면 어느새 화장실 앞에 와서 자세히 보고 있다가 물로 입을 헹구면 그대로 따라 했다. "아그르르, 칵, 펫!" 또 외할머니가 방바닥에서 머리카락이나 부스러기를 주워 싱크대에 버리는 것을 보고는 저도 머리카락을 주워 싱크대로 걸어가더니 까치발로 서서 버리기도 했다. 플라스틱 숟가락 손잡이로 귀를 찔러대어 귓불이 발갛게 변해 웬 영문인가 했더니, 아범이 귀이개로 귀지 파는 것을 보고 그대로 따라 한 것이었다. 숟가락 손잡이가 뭉툭하기에 망정이지, 날카로운 꼬챙이 같은 걸로 찔렀으면 어쩔 뻔했나. 그래서 '보고 배운다'는 것이 중요한 것이다.

자식들은 부모가 하는 것을 보고 배운다. 엄마 아빠가 허구한 날 집 안에서 싸움만 하면 아이들도 밖에 나가 싸움만 하고, 나중에 시집 장가가서도 부부 싸움을 한다. "나는 엄마 아빠처럼 살진 않을 거야!" 하는 애들도 알게 모르게 따라 하게 되는 것은 가정교육과 가풍의 영향이다. 그래서 무릇 어른들은 "그래가지고서야 자식들이 뭘 보고 배우겠어?"라는 소리를 듣지 않도록 노력해야 하는 것이다.

4월 30일 월요일

손자를 보고 내려간 대구 바깥사돈이 손자 생각해서 옷을 한 벌 구입해 소포로 부쳐왔다. 누구한테 조언을 받아 구입했는지 모르겠지만 바깥사돈 성격으로 미루어 아마 직접 옷가게로 가서 손수 골랐을 터이다. 여름용 셔츠와 반바지 한 벌을 상자에 담아 우리 아파트 주소와 내 이름을 또박또박 적어놓았다. 멀리 대구에서 살다보니 손자가 보고 싶을 때마다 찾아와 볼 수도 없고, 사부인이 같이 가자고 해야 함께 올라와서 보니 1년에 손자 얼굴 서너 번 보기도 어렵다. 칠순 나이에 자녀들이 모두 출가하여 주변도 적적한데 장손인 재영이가 더욱 보고 싶을 것이다. 명절과 생신 때는 딸아이 내외가 재영이를 데리고 내려가지만 그나마 야근이 걸릴 때는 못 갈 때도 더러 있다. 눈앞에 손자 놀던 모습이 아른아른하실 것 같아 딸아이한테 할아버지가 보내주신 옷을 재영이한테 입혀 사진이라도 찍어 보내드리라고 일렀다. 젊은것들이 노인들의 그런 마음을 어떻게 헤아리랴 싶어서.

5월 2일 수요일

오늘은 재영이가 놀이터에서 처음으로 여자 친구를 사귄 날. 두 달 연상이긴 하지만 키는 비슷한 여자아이에게 뭐라고 쫑알쫑알 말도 걸고, 제 자전거를 타도록 빌려주기도 하고, 여자아이의 공을 빌려서 차고 놀기도 했다. 매일 타던 그네는 오늘은 못 타고 말았는데, 누나 둘이 그네 두 개를 독차지하고 도무지 내놓지를 않았기 때문이다. 아이나 어른이나 너무 욕심 사납게 구는 것은 보기 흉하다. 친구한테 양보할 줄도 알아야 하는데, 다들 기다리는 걸 보면서도 그네를 독차지하고 놓지 않으니까 정서가 결핍된 아이들처럼 보였다. 우리 재영이는 마음이 아주 너그러운 아이로 자라주면 좋겠다.

너하고 나는 친구 되어서 사이좋게 지내자
새끼손가락 고리 걸고 꼭꼭 약속해
싸움하면은 친구 아니야 사랑하고 지내자
새끼손가락 고리 걸고 꼭꼭 약속해
- 〈꼭꼭 약속해〉, 정우진 작사

5월 3일 목요일

재영이가 옆집 형한테 플라스틱 장난감 헬리콥터를 한 대 얻었다. 먹을 것이든 뭐든 다른 사람이 주면 선뜻 받는 법이 없는 재영이는 이번에도 몇 번 사양하다가 옆집 아줌마가 "받아, 형 그런 것 잘 안 줘."라고 하니까 그제야 받았다. 서로 이웃한 아파트에서 살다보니 엘리베이터에서 자주 마주치기도 하고, 젊은 새댁이 아이 둘을 한꺼번에 키우느라 힘들겠다며 우리 집사람이 삶은 옥수수나 김치도 갖다주며 비교적 가깝게 지내는 편이지만 아직 아이들 이름도 모르고 있다. 그 아이 위에 누나인 딸도 하나 있는데, 요즘 재영이를 데리고 놀이터에 나가면 달려와 반갑게 인사하곤 했다. 그러더니 오늘은 그 동생이 재영이한테 헬리콥터 장난감을 하나 주며 형 값을 한 것이었다. 남매가 엄마를 두고 사랑 다툼이 심한지 평소 엄청나게 울어대던 아이였는데, 이렇게 밖에 나와서 보니 의젓하고 예쁘기만 했다. 우리 재영이도 동생 생기면 사랑 다툼 심하게 하려나? 플라스틱 헬리콥터를 살펴보니 태엽 장치가 고장 났지만 손으로 프로펠러를 돌리니까 팽팽 잘 돌아갔다. 실컷 갖고 놀다 나중에 돌려주려고 생각하고 있었는데, 한참 후에 보니 옆집 아이들과 아줌마는 어느새 돌아가고 보이지 않았다. 우리가 정신없이 너무 오래 놀았나? 나도 재영이를 세발자전거에 태우고 뽀로로 노래를 들으며 노곤한 귀갓길에 올랐다.

5월 4일 금요일

아침에 아범이 재영이를 안겨주며 히죽 웃었다. 자기 발톱에 재영이 발목이 긁혀서 피가 약간 났다며 장모님한테 혼나게 생겼다는 것이었다. 암튼 아범을 출근시킨 뒤 아이를 안고 아파트 거실로 올라와 집사람한테 그 얘길 했더니 아니나 다를까, "아니 어른이 자기 발톱을 어떻게 관리했기에 아이한테 생채기를 다 내나?" 하면서 조 서방더러 앞으로는 매주 한 번씩 장모한테 손톱 발톱 검사를 받으라고 전하라는 것이었다. 분부가 하도 지엄한지라 즉시 휴대폰 문자로 사위한테 그대로 전했더니 즉시 답신이 왔는데, "발톱 깎은 지 얼마 안 됐는데 하필 약간 덜 깎인 쪽에 긁혔어요. 죄송합니다. ^^;;"라고 찍혀 있었다. 재영이 발목을 살펴보니 어른 손톱자국만큼 긁힌 자국이 나 있었다. 지금까지 자빠지고 들이박아 혹이 나거나 멍이 든 적은 여러 번 있어도 피를 흘린 적은 없었는데, 발목에 앉은 딱지를 보니 피도 약간 났던 모양이었다. 저녁에 딸아이한테 얘길 들으니 아범이 그래 놓고는 한동안 좌불안석이더라고 했다. 딸아이는 괜찮다며 그냥 내버려두라고 하는데도, 아범은 긁힌 상처를 깨끗한 물로 씻어내야 한다며 계속 우기더니 기어이 아이 발목을 씻어주고야 말더란 것이다. 의사니까 직업의식이 발동했겠지만 제 아들을 끔찍이 생각하는 아범이 가상하기도 해서 정상을 참작하여 손톱 발톱 검사는 그만 면제해주도록 집사람한테 사정해 볼까 생각 중이다.

5월 5일 토요일

날아라 새들아 푸른 하늘을

달려라 냇물아 푸른 벌판을

오월은 푸르구나 우리들은 자란다

오늘은 어린이날 우리들 세상

- 〈어린이날 노래〉, 윤석중 작사

오늘은 재영이가 세상에 태어나 두 번째로 맞이하는 어린이날이다. 요즘 어린이들은 부모와 함께 에버랜드나 디즈니랜드 같은 곳에 가서 놀이기구들을 타며 놀지만 우리가 어릴 때는 산과 들, 강이 모두 놀이동산이었고 놀이기구였다. 어린이날이라고 해서 선물을 사주거나 맛있는 걸 만들어주는 사람은 없었지만, 숙제도 없이 하루를 마음껏 뛰놀 수 있다는 것이 무엇보다 큰 선물이었고, 산과 들을 쏘다니며 캐먹거나 따먹는 온갖 풀뿌리와 열매들, 강에서 잡은 물고기 등이 가장 맛있는 음식이었다. 천날만날 고추 쏙 내놓고 강에서 퐁당거리며 놀다 보니 저도 모르는 사이에 헤엄 솜씨는 개구리들 저리 가라였고, 산과 들로 쏘다니며 노느라 새까맣게 그을어 까마귀가 보면 "형님!" 할 판이었다. 어른들은 "니 밥은 찾아 묵고 댕기나?" 하고 물어보는 것으로 끝이었고, 한 해가 다 가도록 "니 숙제는 했나?" 한마디 물어보는 법도 없었다. 집에서 간섭하는 사람이 없다 보니 숙제는 다음날 아침 자습시간에 남의 것을 급히 베끼는 것이 당연지사가 되었고, 그것도 여의치 않아 선생님께 종아리를 맞는 일도 다반사였다. 그래도 돌이켜보면 그 시절이 내겐 봄이었다 싶고, 요즘 아이들 정신없이 바쁘게 돌아가는 걸 보면 불쌍해서 볼 수가 없다. 아이고, 우리 재영이 컸을 때는 제발 과외 학원도 입시 지옥도 모조리 싹 없어져버리면 좋겠는데, 이제부턴 달 쳐다보며 그거나 빌어야겠다는 생각이 든다. 우리 집사람은 딸아이 나이가 서른이 넘어가자 밤하늘에 달만 뜨면 두 손을 싹싹 비비며 "달님 달님 우리 딸한테 멋진 신랑 하나 보내주이소." 하고 기도하고 절하더니, 어느 날 착한 신랑이 나타나 딸이 결혼을 하고 나자 그 다음부터는 "달님 달님 외손자도 좋고 외손녀도 좋으니 우리 딸 건강하고 무탈하게 아기 하나 쑥 낳게 해주이소." 하고 기도하고 절하기 시작했다. 아내가 달님한테 빌며 절한 효험이 있었던지 딸아이는 그 후 예쁜 아들까지 나아 지금 무럭무럭 잘 자라고 있다. 개인적인 소망만 자꾸 빌기도 염치없는 일이니, 이제부터는 과외 학원과 입시 지옥을 없애 달라고 비는 것도 이 땅의 모든 어린이들을 위해 참 좋을 것 같다.

5월 7일 월요일

꼭두각시 인형 피노키오 나는 네가 좋구나

파란 머리 천사 만날 때는 나도 데려가주렴

피아노 치고 미술도 하고 영어도 하면 바쁜데

너는 언제나 공부를 하니 말썽쟁이 피노키오야

우리 아빠 꿈속에 오늘 밤에 나타나 내 얘기 좀 잘해줄 수 없겠니

먹고 싶은 것이랑 놀고 싶은 것이랑 모두 할 수 있게 해줄래

- 〈피노키오〉, 지명길 작사

거짓말을 하면 코가 자꾸 길어진다는 피노키오 인형에 대한 노래다. 우리 딸아이는 이 노래를 들을 때마다 가슴이 답답해지고 노래를 부르는 아이가 불쌍해 견딜 수가 없다고 했다. 과외 수업에 얼마나 치였으면 피노키오한테 그런 부탁을 다 하겠느냐는 거다. 그러면서 "아빠, 나도 피아노 레슨과 한문 공부하러 다닐 때 정말 힘들었어요."라고 서른다섯 살이나 된 아이 엄마가 30년이나 때늦은 하소연을 했다. 요즘 아이들에 비하면 우리 딸아이는 그 당시 시골이나 다를 바 없는 경기도 군포에서 굴레 벗은 망아지처럼 들판과 논밭을 마음껏 뛰놀며 자랐다. 그러다 네댓 살 때 군내에 하나밖에 없는 신우 유치원에 다니기 시작했고, 피아노 레슨을 받으며 동네 할아버지가 가르치는 서당에 천자문을 배우러 다닌 것이 과외 공부의 전부였다. 그런데도 어린 마음에는 그것이 무척 부담스러웠던 모양

이다. 필수 과외만 일고여덟 과목이 넘는다는 요즘 세상에 자식 키우는 일이 결코 녹록지 않으니, 제 아들 재영이 키울 일이 지레 걱정되는 모양이다.

꽃밭에는 꽃들이 모여 살고요
우리들은 유치원에 모여 살아요
신우 유치원 신우 유치원
착하고 귀여운 아이들의 꽃동산
- 〈꽃밭에는〉, 박경종 작사

30년 전 딸아이가 부르던 유치원 노래가 아직도 내 기억에 또렷한데, 그 아이가 어느새 자라 결혼하여 아들을 낳아 키우며 과외 공부 걱정을 하고 있다.

5월 8일 화요일

아내가 나더러 요리 학원엘 다니란다. 자기는 외손자 녀석 먹거리 장만만으로도 머리가 아프고 진이 빠져 남편 먹을 것까지 챙겨줄 여력이 없다고 했다. 그러니까 지금까지는 자기가 날 먹여 살렸으니 이제부터는 내가 요리를 배워 자기를 좀 먹여 살려주면 얼마나 고마울지 모르겠다는 것이었다. 얼핏 듣기에 말은 되는 것 같은데 막상 생각해보니 좀 한심했다. 진수성찬을 차려놓고 와서 드시라고 해도 거리가 멀고 교통이 불편하면 사양하고 안 갈 판인데, 내 손으로 음식을 만들어 먹기 위해 요리 학원을 다니라고? 차라리 사먹고 말자고 했더니 아내를 사랑하는 마음이 어쩜 그렇게도 없느냐고 타박했다. 기가 찼다. 아내를 사랑한다는 걸 증명하기 위해 이젠 요리 학원까지 다녀야 할 모양이다. 아이고, 내 팔자야!

사위한테서 문자가 왔다. 나한테만 보낸 것이 아니라 집사람한테도 같이 보냈는데 장인 장모라는 말만 빼고 내용은 똑같았다. "재영이 보시느라 많이 힘드시죠? 정말 감사드리고 저희들도 더 예쁘게 열심히 잘 살게요. 건강하세요. 조 서방 올림. ^^" 아내가 자기 휴대폰을 들고 내 방으로 건너와 답신을 보내주란다. 답신은 꼭 나더러 하라면서 휴대폰은 자기 걸로 하라고 한다. 아내의 충실한 비서인 나는 곧 사위한테 답신을 보냈다. "지금도 예쁘게 열심히 잘 살고 있네. 고맙네. 일하느라 힘들겠지만 재영이 생각하고 행복한 미래를 위해 참고 열심히 노력하게." 기껏 비서 노릇 해줬더니 아내는 방을 나가면서 "별로 감동적인 답신도 아니네 뭐."라고 말했다. 아니, 이런 답신에 무슨 감동까지 기대했단 말인가? 감동은 어버이날이라고 저런 문자를 보내준 착한 사위의 언행에 대해서나 하면 되는 거지.

5월 9일 수요일

재영이가 뽈뽈 기어 다닐 때는 눈에 띄는 것마다 그 작은 손가락으로 집어 입에 넣더니, 아장아장 걸어 다니기 시작하고부터는 무언가를 주우면 배고플 땐 입으로 가져가고 배가 부를 땐 외할머니한테 주거나 싱크대로 가져가서 버렸다. 그러니까 배가 부를 때는 아무 문제가 없는데, 배가 고플 때가 문제였다. 손가락으로 집은 것이 종이 부스러기든 머리카락이든 무조건 입으로 가져가는데, 이것을 억지로 빼앗으면 앙탈을 부리며 대성통곡을 한다. 오늘은 느닷없이 욕실에서 그 대성통곡이 터져 나왔다. 무슨 일이냐고 아내한테 물어봤더니 코딱지 때문이라는 대답이 돌아왔다. 플라스틱 욕조에 물을 받아놓고 목욕을 시키는데, 녀석의 콧구멍에서 퉁퉁 불은 커다란 코딱지가 하나 쑥 빠져나오더라고 했다. 녀석이 잽싸게 손으로 잡기에 "아이고, 우리 재영이 시원하겠다." 하면서 코딱지를 빼앗아 하수구로 버렸다가 그 난리가 난 것이었다. 녀석은 물속에서 바동거리며 '와아' 울음을 터트렸고, 손가락으로 하수구를 연신 가리키며 코딱지를 돌려 달라고 떼를 썼다.

녀석에게는 코딱지에 대한 향수가 있을 법도 했다. 언젠가 한 번 말랑말랑하고 쫀득쫀득하고 짭조름한 코딱지를 맛있게 먹어치운 적이 있기 때문이다. 그땐 수확한 코딱지를 이미 잽싸게 입안에 넣어버렸기 때문에, 외할머니가 질겁하며 꺼내려고 했지만 이미 늦었다. 녀석은 세차게 도리질을 해대며 외할머니의 손을 뿌리치고 입안에 든 코딱지를 기어이 꿀꺽 삼켜버렸던 것이다. 그렇게 한번 코딱지 맛을 본 녀석인지라 이번에도 호락호락 포기하지 않았다. 누구 도움을 받아 만든 것도 아니고 순전히 자가생산한 별미를 본인의 동의도 없이 빼앗아 하수구에 버렸으니, 그 억울함과 애통함을 아직 말도 못하는 그 아이가 달리 어떻게 표현하겠는가? 그냥 악을 쓰며 울어댈밖에. 하지만 이미 하수구 아래로 씻겨 내려간 코딱지가 돌아올 리는 만무했다. 설사 하수구 뚜껑에 그것이 달라붙어 있다 하더라도 외할머니가 떼어내어 돌려줄 리도 없었다. 얼마나 울었던지 목욕을 다 하고 나올 때까지도 뒤끝이 남아 딸꾹질을 하듯 흑흑거리고 있었다. 어지간히도 분했던 모양이었다. "에이, 그만 잊어버려. 또 만들면 되잖아, 그만 코딱지." 외할아버지란 사람이 외손자를 위로한답시고 해준 소리가 고작 그랬다.

5월 10일 목요일

마누라하고 한바탕 싸웠다. 점심 먹으라고 해서 부엌에 나갔더니 아내는 외손자에게 먹일 게살을 열심히 발라내고 있었다. 어제는 2만 6천 원짜리 갈치를 졸여 가운데 토막의 가시를 열심히 발라내고 있더니 오늘은 게였다. 내 점심은 어디 있느냐고 했더니 냄비 속에 떡을 쪄놓았으니 냉장고에서 콩고물을 찾아내어 함께 먹으라는 대답이 돌아왔다. 한 보름 전에 대구 사돈 내외가 손자를 보러 오면서 가져온 인절미가 아직도 냉장고 속에 굴러다니고 있었던 것이다. 기분이 좀 나빴지만 꾹 참고 냄비 속에서 질척한 인절미를 덜어내어 접시에 담고 냉장고 포켓에서 콩고물을 찾아내어 식탁에 앉았다. 그런데 젓가락으로 인절미를 떼어내어 콩고물에 찍어 입안에 넣자 목구멍이 갑자기 콱 막히며 짜증이 왈칵 치밀어 올랐다. 만년에 이런 푸대접을 받으며 살아야 하나 생각하니 울화통이 터져 식탁을 확 뒤집어엎어 버리고 싶은 충동이 일었다.

게나 고등어 같은 음식은 알레르기 때문에 난 먹지도 못한다. 그리고 평소에도 우리 부부는 점심을 떡이나 라면, 빵, 식은 밥 따위로 때울 때가 많았다. 그런데도 내가 짜증이 난 것은 눈앞에 펼쳐진 너무 노골적인 차별 대우 때문이었다. 아무리 외손자가 밥을 잘 안 먹어서 그런다고는 하지만 한 식탁에서 식사하는 남편에 대한 배려가 전혀 없어 보였던 것이다. 나 자신이 식은 밥덩이가 된 기분이었고, 내가 왜 이런 푸대접을 받아야 하느냐는 생각이 들었다. 그래서 이건 너무 지나치다고, 언제까지 이렇게 살아야 하느냐고 아내한테 따졌다가 그만 싸움이 되고 말았다. 나는 나대로 화가 나서 더 이상 말도 하기 싫었고, 마누라고 외손자고 다 꼴도 보기 싫어서 밖으로 나가버렸다. 마누라는 저녁까지도 화가 안 풀려 나더러 저녁 식사를 밖에 나가서 사먹고 들어오라고 했다. 나는 그 말이 괘씸해서 일부러 냄비에다 김치를 넣고 국수를 삶아 혼자 저녁 식사를 했다. 소화가 잘 될 리 없었다. 사람은 특히 음식으로 차별 대우를 당했을 때 기분이 가장 더러운 법이다. 그것은 외할아버지와 외손자 사이라 해도 마찬가지다. 사람은 늙어가며 아이가 된다고 하는데 나도 아마 그런 모양이다. 하지만 문제는 게와 인절미에 있었던 것이 아니라, 정성의 차이에 있었다. 만약 아내가 냉장고 속에 굴러다니던 인절미와 콩고물일망정 접시에 성의껏 담아내놓고, 외손자에게 줄 게살을 발라내고 있었다면 내가 그렇게까지 화가 났을까? 그런 하찮은 일로 아내와 다투고 나니 미워할래야 미워할 수 없는 외손자 녀석까지도 갑자기 보기 싫어지는 것이었다. 에이 참.

5월 11일 금요일

재영이가 무슨 말을 하고는 싶은데 잘 안 되니까 답답한 모양이다. 그냥 벌소리를 마구 질러댄다. 놀이터에서도 하도 소리를 질러대니까 아이들이 자기보고 뭐라는 줄 알고 놀란 표정으로 재영이를 빤히 쳐다보곤 했다. 하룻강아지 범 무서운 줄 모른다고 그래도 재영이는 거침이 없다. 놀이터에 저보다 어린 아이는 한 명도 없는데 자기가 무슨 대장이라도 된 듯 호령하고 다니니까 어른들도 재미있다고 깔깔 웃었다. 지난번에 플라스틱 헬리콥터를 재영이한테 줬던 옆집 아이는 이름이 준우라고 했다. 놀이터에서 재영이를 보면 언제나 달려와 아는 체했다. 또 다섯 살이라는 민준이는 얼굴이 하도 예뻐 처음엔 여자아이인 줄 알았다. 그런데 동작이 아주 민첩하고 머리가 영리했다. 또 신비라는 여자아이도 같은 또래인데 이름처럼 얼굴이 신비하고 예쁘다. 그 둘이 잘 어울려 놀기에 오늘 재영이를 그들에게 소개했다. "재영이야, 조재영. 동생이니까 잘 데리고 놀아, 응?" 그런데 정작 재영이는 아랑곳없이 제멋대로 '따따때때' 소리만 질러댔다.

5월 12일 토요일

외할머니가 외손자한테 어린이날 선물로 주문한 그네가 오늘 밤에야 도착했다. 그런데 조립 설명서를 보니 깨알 같은 글씨에 그림도 복잡해서 골치가 아팠다. 지난번 뽀로로 자전거를 조립할 때도 진땀을 뺐는데, 이번에는 방 문틀에 그네 하나 매다는 게 뭐가 이렇게 복잡해? 그리고 조립하는 물건은 왜 아범이 없을 때만 노상 도착하는 거야? 아범이 올 때까지 기다리면 안 돼? 내가 짜증을 내며 투덜댔더니 아내가 "조 서방은 당신보다 더 못해."라며 군말 말고 빨리 조립하라는 것이었다. 그래서 진땀을 뻘뻘 흘리며 겨우 조립을 끝내고 방 문틀에 매달았더니 아내가 하는 소리가 또 이랬다. "우리 둘이 힘을 합쳐도 순건이 하나만도 못하네." 순건이는 처남 이름이다. 아내 말이 사실이긴 하지만 진땀 흘려가며 겨우 일을 끝낸 남편한테 그게 할 소리냔 말이다. 옛날 우리 딸아이 그네를 만들어 줄 때는 기다란 쇠파이프를 하나 사다가 디귿자로 구부려 마당에 푹 꽂고 밧줄을 하나 묶어주면 됐는데, 이젠 세상이 고급으로 변해서 그네 하나도 플라스틱 쪼가리들을 앞뒤로 조립하고 안전벨트까지 매게 되어 있었다. 그리고 조립 설명서라는 게 차라리 안 보고 조립하는 편이 더 나을 정도로 복잡하기 짝이 없다. 거기엔 몸무게 30킬로그램까지만 타야 한다는 말까지 적혀 있었지만, 몸무게 64킬로그램인 내가 앉아도 그네는 끄떡없었다.

한 마리 코끼리가 거미줄에 걸렸네 신나게 그네를 탔다네

너무너무 재미가 좋아 좋아 랄랄라 다른 친구 코끼리를 불렀네

두 마리 ~~

세 마리 ~~

네 마리 ~~

다섯 마리 코끼리가 거미줄에 걸렸네 신나게 그네를 탔다네

너무 많은 코끼리가 올라탔네 랄랄라 그만그만 툭 하고 끊어졌대요

- 〈코끼리와 거미줄〉, 작자 미상

이 동요는 다섯 마리까지만 부르게 되어 있는 게 아니라 열 마리 스무 마리까지도 계속 이어 부를 수 있다. 그네 줄만 맨 마지막에 끊어지면 된다. 거미줄이 그만큼 튼튼하다고 아이들한테 사기 치려는 게 아니라, 셈 세는 법을 재미있게 가르치기 위한 노래니까. 암튼 월요일부터 우리 재영이 또 신나게 생겼다. 이제 곧 플라스틱 미끄럼틀만 방 안에 들여놓으면 집 안이 온통 놀이터가 될 판이다.

5월 14일 월요일

하루 종일 보슬비가 내렸다. 재영이가 놀이터에 나가지 못해 안달이었던 모양이다. 나 혼자 우산 쓰고 산책을 다녀왔더니 그 사이에 난리를 피우더라고 했다. 콧구멍에 바람이 단단히 들어서 방문에 새로 매단 그네도 놀이터에 나가는 것보다는 못했던 모양이다. 하는 수 없이 녀석을 뽀로로 자전거에 태워 우산을 들고 다시 나섰다. 뒤에서 자전거를 밀며 우산을 받쳐 들려니 쉽지 않았다. 그래도 간신히 밀고 아파트 사이의 비가 들이치지 않는 곳까지 가서 녀석을 내려놓았다. 그런데 녀석은 비가 신기한지 자꾸만 비가 내리는 곳으로 나가려고 하고, 나는 게걸음으로 따라다니며 막으려고 하고, 그것이 깔깔거리며 하는 게임이 되고 말았다. 그것도 시들해지자 다시 한 손으로 우산을 들고 다른 손으론 자전거를 밀며 아파트 단지 내 놀이터마다 돌아다녀 보았지만 다른 아이들은 하나도 보이지 않았다. 텅 빈 놀이터를 돌아다니며 겨우 삼사십 분 정도 놀고 돌아왔지만 그래도 재영이는 만족스러운지 내가 소파에 앉아 보듬어 안고 자장가를 불러주자 곧 잠이 들었다.

5월 15일 화요일

아이들은 우는 모습도 예쁘다. 신비가 울음을 터트리며 조그마한 하얀 팔뚝으로 눈물을 닦고 있다. 또래 아이 세 명이 시소를 함께 타다가 신비를 따돌린 것이다. 네 명이 모이면 둘씩 패가 갈리고 세 명이 모이면 그중 하나는 따돌림을 당한다. 셋이서 머리를 맞대고 뭐라고 쫑알대며 다투더니 정숙이란 아이가 손으로 가슴을 밀치자, 신비는 뭐라고 항의하다가 울음을 터트리며 제 엄마를 찾아갔다. 남자아이 하나를 가운데 두고 둘이서 시샘을 했나? 내가 정숙이란 아이를 불러 "신비 왜 울렸니?" 하고 부드럽게 물어보았다. "그냥 말하다가 우는 거예요." 라는 대답이 돌아왔다. 손으로 가슴을 밀치는 걸 내 눈으로 분명히 봤는데 거짓말을 하고 있었다. 아무 거리낌 없이 거짓말을 하는 아이는 좀 이상하다. 눈빛도 천진난만하지가 않고 상대방 눈치를 살피느라 반짝거린다. "친구가 울면 달래줘야 하는 거야. 가서 미안해, 하고 달래주렴." 내가 타이르자 정숙이와 사내아이는 아무 저항 없이 신비한테로 쪼르르 달려가더니 내가 시킨 대로 말하며 달래주었다. 아직까지는 순진무구한 아이들. 어른들이 어떻게 살아가느냐에 따라 그것을 그대로 보고 배우며 커갈, 아직은 하얀 도화지 같은 아이들이었다.

5월 16일 수요일

놀이터에서 만난 아가씨가 아무리 말을 걸고 손을 내밀어도 재영이는 무뚝뚝하기만 하다. 오늘 만난 아가씨는 재영이보다 한 달 반쯤 먼저 태어났을 뿐인데도 여자아이라 그런지 말도 곧잘 하고 동작도 더 민첩했다. 재영이랑 같이 놀고 싶어 몇 번이나 손을 내밀며 말을 걸었지만 녀석은 끝까지 관심을 보이지 않았다. 오죽하면 그 여자아이가 돌아간 뒤 내가 녀석한테 "그 애가 못생겼니?"라고 물어봤을까. 어제는 아범 어멈이 모두 약속이 있어 재영이를 데려가지 못했다. 오늘은 아범이 야근이라 못 데려가고, 딸아이는 재영이를 이틀이나 못 보게 되니 마음이 짠했던지 퇴근 무렵 전화를 해서 친정에서 자고 가도 되느냐고 물었다.

재영이도 보고 친정에서 자고 내일 아침 여기서 출근하겠다는 얘기였다. 집사람은 요즘 조금 지친 상태라 딸이 오면 더 피곤해진다. 밥이라도 챙겨 먹여야 하니까. 사실 오늘 저녁 식사도 산책 삼아 재영이를 뽀로로 자전거에 태우고 냉면집으로나 가서 해결할까 생각하던 중이었다. 그런데 새끼 보고 싶어 오겠다는 딸아이를 오지 말라고 박정하게 막을 수는 없는 노릇 아닌가. 저도 하루 종일 회사에서 근무하고 피곤할 텐데 제 집으로 바로 들어가 편안하게 푹 쉬고 싶지, 엄마 피곤하게 만드는 줄 뻔히 알면서 친정까지 꾸역꾸역 오겠다는 건 순전히 새끼에 대한 모성애 때문일 터였다. 아범도 요즘 장모가 기운 달리는 걸 알고 자꾸 보약 지어 드시라고 권하고 있었다. 괜찮다고 사양해도 몇 번이나 같은 권유를 받자 집사람은 사위 성의를 너무 무시하는 것도 마음에 걸린다며 나한테 종합 영양제나 하나 사들고 오라는 문자를 보내라고 하명했다. 나는 아내의 명령에 복종하면서 거기에 내 영양제도 하나 슬쩍 끼워 넣었다. 잠시 후 사위한테서 답신이 왔는데, "네, 사가지고 들어갈게요. 다음에도 얼마든지 부탁하세요. ^^"라고 찍혀 있었다. 딸아이는 저녁에 들어오면서 내가 먹을 과자를 한 보따리 사들고 왔다. 내가 원래 군것질을 좋아하다 보니 집사람이 장볼 때 과자를 가끔 사오곤 하는데, 딸아이도 그걸 보고 따라 한 것 같다. 그래서 요즘 나는 재영이랑 매일 같이 놀며 과자 나부랭이나 먹고 지내다 보니 몸무게도 자꾸 늘고 수준도 녀석과 비슷해진 느낌이다. 늙으면 다시 어린애가 된다더니 요즘 내 생각도 자꾸만 어려지는 것 같다.

5월 17일 목요일

오늘은 비가 와서 놀이터에도 못 나가겠구나, 우리 재영이 하루 종일 집 안에 갇혀 있으면 지루할 텐데 어쩌나 걱정했더니 오후가 되자 보슬비로 변했다가 마침내 그쳤다. 기온이 뚝 떨어져서 아이 옷을 단단히 입힌 다음 뽀로로 자전거에 태우고 출발.
비 온 뒤라 아파트 단지 내 놀이터 서너 군데를 한 바퀴 돌 때까지도 아이들이 안 보이더니, 두 바퀴를 돌고 나자 아이들이 하나둘 나오기 시작했다. 민준이는 나타나지 않았고, 신비는 다른 남자아이랑 같이 시소를 타고 있었다. 내가 재영이를 데리고 다가가 말을 걸며 남자아이한테 무슨 노래를 부를 줄 아느냐고 물었더니 대뜸 "에이 비 시 디 요."라고 대답했다. "해봐." 했더니 조금도 망설임 없이 "에이 비 시 디 이 에프 지, 에이치 아이 제이 케이 엘 에프 지, 큐 알 에스 티 유 브이, 더블유 엑스 와이 지, 나우 아이 노우 마이 에이 비 시, 넥스 타임 온 츄 비 위드 미."라고 부르곤 자랑스러운 표정을 지으며 으스댔다. 가사 한 군데가 틀렸지만 나는 지적하지 않고 박수를 쳐주었다. 낯선 어른 앞에서 부르느라 약간 당황해서 틀렸겠지만 다시 부르면 정확하게 잘 부를 것 같아서였다.
놀이터에서 너무 많이 놀아 피곤했던지 집에 돌아온 재영이는 두 시간 넘게 자고도 깨어날 줄을 몰랐다. 퇴근길에 들른 아범이 간신히 흔들어 깨워서 안고 갔다. 처음부터 그렇게 길을 들여서 그런지 재영이는 아빠 엄마랑 만나고 헤어질 때 어떤 거부감도 보이지 않는다.

엄마 아빠랑 헤어지지 않겠다고 떼를 쓸 법도 한데 수월하게 떨어져 줘서 신통하고 고맙다. 헤어질 때마다 울며 보채면 그 난감함을 매일 어쩔 것인가.

5월 21일 월요일

출근길에 재영이를 맡기러 온 아범이 "쌀자루를 함께 싣고 왔으니 두 분이 함께 내려오셔야 할 것 같은데요."라고 전화로 알려 왔다. 집사람과 함께 엘리베이터를 타고 내려가면서 누가 재영이를 안고 올라올 것인지를 정하는 가위바위보를 했는데 내가 또 졌다. 일부러 져주려고 해도 실수로 한 번쯤은 이길 때가 있는 법인데, 언제부터인가 나는 아내와 가위바위보만 하면 여지없이 진다. 이겨 본 기억이 가물가물할 정도다. 그 이전에는 아내와 가위바위보만 하면 내가 늘 이겼었다. 그때는 아내가 뭘 내밀 건지 빤히 들여다보였는데 몇 년 전부터는 도무지 감이 잡히지 않았다. 내가 예상했던 것과는 정반대로 아내는 늘 손을 내밀곤 했다. 화도 내고 짜증도 부리며 다시 해봐도 소용이 없었고, 자포자기한 기분으로 아무렇게나 손을 내밀어도 결과는 늘 나의 패배였다. 그러고 보니 내가 한 말에 힘이 실리지 않고 아내의 말에 무게가 더 실리기 시작한 것도 아내와의 가위바위보에서 내가 노상 지기 시작한 그때부터였던 것 같다. 부실한 바탕에서 출발하여 늘 힘에 부쳤던 내 인생행로에서 육십 고개를 겨우 넘자마자 기운이 다 소진된 탓일까? 지난 세월을 되돌아봐도 나 자신을 모두 내던져 무모한 승부를 펼쳐본 적이 단 한 번도 없었고, 앞을 내다봐도 그런 기회는 영영 올 것 같지가 않다. 그래서 요즘은 너무 평범하고 무기력한 삶만 살아온 나 자신이 좀 한심하다는 생각조차 가끔 든다.

5월 22일 화요일

재영이가 자꾸 밥을 내뱉는다. 그러면 굶기면 되지. 하지만 외할머니 마음이 또 그렇지가 않다. 아직 말도 못하는 열여섯 달 된 녀석한테 야단을 친들 소용없다. 그래서 어떡하든 먹이려고 애를 쓰는데 녀석은 자꾸만 뱉어내니 외할머니는 속이 상한다. 이럴 때 옆에서 뭐라고 한마디 했다간 불똥이 나한테 튀니까 그저 조용히 입 다물고 있을 수밖에 없다. 집안 분위기가 갑자기 싸늘해지고 침울해진다. 나는 어차피 아무 도움도 못 줄 바에야 내 방으로 건너와 문을 닫는다. 그래도 신경은 자꾸만 부엌 쪽으로 간다. 배가 안 고파서 밥을 뱉어낸다면 전혀 문제될 것이 없다. 그런데 분명히 배가 고플 텐데도 자꾸만 뱉어내니 골치가 아프다. 컴퓨터를 켜고 '밥을 뱉어내는 아이'를 검색했더니 하하, 우리 재영이 같은 애들이 바글바글하는구먼. 당장 집사람한테 말해줘야지. 그래서 거실로 나가 말해줬더니 집사람도 벌써 다 찾아봤단다. 그런데 문제는 거기에 답이 없더라는 얘기였다. 자꾸만 뱉어내는 아이 입에 다시 밥숟갈을 들이미는 걸 보니 꼭 고문을 하는 것 같아 그만 좀 하라고 한마디 했다가 코만 떼었다. 남편 식사도 제쳐두고 외손자 녀석 먹이겠다고 일부러 시장까지 봐와서 온갖 정성을 들여 만든 음식을 첫술부터 뱉어내니 화가 날 만도 하다. 그렇지만 외할머니의 그런 수고를 열여섯 달 된 아이가 알 리 없다. 아마 녀석이 나중에 어른이 되어 자기 자식을 낳아 키워봐야만 겨우 알게 되지 않을까? 어쩌면 그때도 모를 확률이 더 높을지 모른다. 그러니까 녀석이 잘 먹어주는 것에서 보람과 기쁨을 느끼고 싶은 마음을 빨리 비워야 집사람의 마음에 평화가 찾아올 것이다. 세상의 모든 자식들에 대해 모든 부모들이 그러하듯, 기다려주는 것밖에는 다른 방법이 없는 것 같다.

5월 23일 수요일

언젠가 밥을 콩고물로 비벼 주니까 재영이가 잘 받아먹던 생각이 나서 집사람한테 그 얘길 했더니 벌써 그렇게 해서 먹였다는 대답이 돌아왔다. 그러니까 집사람도 자나 깨나 요번엔 뭘 먹이나, 어떻게 먹이나, 그 생각만 하고 있다는 얘기였다. 비린내 나는 생선은 여전히 좋아하지만 너무 자주 먹이면 안 된다고 해서 일주일에 두 번 먹이던 것을 이틀에 한 번으로 늘렸다고 했다. 바나나를 밥에 비벼 먹인 적도 있고, 카레에 비벼 먹이기도 하고, 계란 부침과 과일로 끼니를 때울 때도 있었다. 맵고 짠 음식과 기름에 튀긴 것만 빼고 녀석이 먹기만 하면 뭐든 다 먹일 판이다.

5월 24일 목요일

재영이는 오늘 오전 오후 두 차례나 놀이터에 나갔다. 오전에는 외할머니가 데리고 나갔는데, 미끄럼틀을 아직 타지는 못해도 꼭대기까지 올라가는 것에 재미를 붙여 용을 끙끙 써가며 몇 번이고 오르내리더라고 했다. 녀석을 붙잡고 같이 오르내리던 집사람이 넘어져서 팔에 찰과상을 입었다. 오후에는 내가 등산을 마치고 내려오는 길에 놀이터에서 집사람과 만나 임무 교대를 했다. 재영이는 파란 카펫을 깔아놓은 배드민턴 연습장에서 깔깔거리며 신나게 뛰놀았다. 거기까지는 좋았는데, 집에 돌아와 집사람이 녀석 목욕을 시키는 도중에 그만 잠들어버렸다. 너무 피곤해서 견딜 수 없었던 모양이었다. 게다가 플라스틱 욕조 안에서 똥까지 싸서 똥이 물에 둥둥 떠다녔다. 집사람이 깨끗한 물로 대충 헹군 뒤 건네는 녀석을 내가 타월로 감싸 안는 도중에도 쿨쿨 자고 있었다. 그냥 두면 감기 들 것 같아 요 위에 눕히고 기저귀를 채운 뒤 옷을 입혀줘도 몰랐다.
그렇게 잠든 녀석은 두어 시간이 지나 아범이 퇴근해서 들어올 시간이 되어도 깨어날 줄을 몰랐다. 집사람과 내가 다리를 주무르고, 발바닥을 간질이고, 음악을 틀고 해서 간신히 깨웠다. 저녁을 먹여 보낼 심산으로 그랬는데, 준비하는 도중에 아범이 들어왔다. 그래서 아범더러 저녁을 먹이라고 인계한 뒤 우리는 근처 가락국수집으로 갔다. 아범은 장모가 아이 돌보느라 힘드는 줄 아니까 아예 밖에서 저녁 식사를 하고 들어온다. 우리도 재영이를 돌보게 된 이후로는 매식이 부쩍 잦아졌다. 녀석 먹이는 일에 진이 다 빠져 우리 먹을 음식은 만들 엄두가 안 나고, 기분 전환도 필요했기 때문이다.

가락국수로 저녁 끼니를 때우고 집으로 돌아오면서 아내는 재영이 밥 먹이는 일에 관한 한 아무리 마음을 비우려고 애써도 안 되더라고 했다. 녀석을 먹이려고 애써 만든 음식을 뱉어내는 건 참을 수 있지만, 배고픈 줄 뻔히 알면서 안 먹이고 그냥 내버려두긴 정말 어렵다는 것이었다. 그럴 땐 정말 울고 싶더라고 했다. 그 말을 듣자 나는 영화에서 본 어떤 장면이 떠올랐다. "세상에서 가장 보기 좋은 것이 내 논에 물드는 것과 내 새끼 입에 밥 들어가는 것."이라고 말하던 어떤 어머니의 표정이었다. 세상 어머니들 마음이 다 그럴진대, 그렇게 할 수 없는 마음이 오죽하랴 싶었다.

집에 돌아와 보니 아범도 마음을 비우고 있다고 말했다. 재영이가 첫 술부터 내뱉는 바람에 열이 올라 혼자 식식거리며 억지로 참고 있었던 듯했다. 그러고 보니 재영이는 우리 모두에게 마음을 비우도록 강요하고 있는 셈이었다. 우리도 결국 마음을 안 비울 수 없는 처지이니, 재영이를 어느 정도 키우고 나면 우리 모두는 마음을 다 비워버린 성자가 되어 있지 않을까? 아니면 고무풍선이 되어 공중으로 둥둥 떠오르거나. 결국 재영이한테 저녁밥 먹이는 일은 아내의 몫으로 돌아오고 말았다.

5월 25일 금요일

밥을 내뱉는 아이는 굶길 수밖에 없다는 결론을 아내는 마침내 내린 듯하다. 한두 숟갈 시도해보다가 계속 뱉어내자 결국 포기하고 아이를 식탁 의자에서 방바닥으로 내려놓았다. 그런데 배가 고프면 울어야 할 텐데 녀석은 울지도 않고 혼자서 잘 놀았다. 배가 고프지 않은 걸까? 말을 해야 알지. 녀석은 아무렇지도 않은데 어른들만 애를 태우고 있는 것 같았다. 재영이가 밥을 먹지 않으면 아내도 우울해져서 밥을 넘기지 못한다. 그런 분위기에서는 나까지도 밥맛을 느낄 수가 없다. 그러니까 꼬맹이 하나 때문에 온 식구가 밥맛을 잃어버리게 되는 것이다.

사실 이성적으로 생각해보면 그래야 할 이유가 없다. 아이가 밥을 내뱉는 이유는 간단하다. 맛이 없거나 배가 고프지 않은 것이다. 외할머니가 아무리 열심히 장을 봐와서 온갖 정성 다 들여 만든 음식이라 하더라도 아이의 입맛에 맞지 않으면 소용이 없다. 녀석이 배가 고픈지 안 고픈지는 밥 먹인 시간을 따져보면 대충 짐작할 수 있지만, 녀석의 변화무쌍한 입맛은 가늠할 길이 없다. 말이나 할 줄 알면 물어나 보지, 숟가락을 가져가면 고개를 싹싹 돌리고 억지로 입안에 들이밀면 곧바로 내뱉어버리는 녀석한텐 달리 어찌해볼 방도가 없다. 아내는 그럴 땐 그냥 울고 싶다고 했다. 한 걸음 물러나서 느긋하게 기다리면 될 것 같은데 워낙 예민한 성격이라 견디기 힘든 모양이었다. 하지만 아내의 그런 성질머리는 나나 알아주지, 이제 겨우 16개월 된 재영이가 알 리 없다. 그런 아내가 결국 아이의 버릇을 고치기 위해서는 굽힐 수밖에 없다는 결론에 도달하기까지는 마음고생이 참으로 자심했다. 하지만 나는 알고 있다. 며칠 안 가, 아니 몇 시간도 안 가 똑같은 자리로 돌아가서 똑같은 시도를 되풀이할 거라는 걸. 말로는 설명할 수도 없는 그 타고난 모성애가 가면 어디로 갈 것인가? 자리를 옮기기엔 그 뿌리가 너무 깊다.

5월 26일 토요일

저녁에 딸아이한테서 전화가 왔다. 모처럼 쉬는 날에 혼자서 재영이를 돌보며 집안 청소와 소소한 일들을 하느라 힘들었던 모양이었다. 집사람이 듣고 있다가 "네 새끼 내가 키워주고, 김치랑 반찬이랑 국이랑 다 제공하고, 재영이 먹을 것까지 다 챙겨주는데도 힘들다고 푸념하냐?"며 타박했다. 딸아이가 헤헤 웃으며 재영이 얘기로 말을 돌렸다. 녀석이 안방에 있는 서랍을 어떻게 열었는지 디브이디를 한 장 빼들고 머리카락을 휘날리며 거실로 뛰어나오더라고 했다. 그래서 딸아이가 그것을 받아 플레이어에 넣고 음악이 흘러나오자 녀석이 아주 기고만장한 표정을 짓더란 얘기였다. 듣고 있던 집사람이 웃으며 "네 새끼 예쁘냐?"고 물었다. "그럼, 예쁘지, 안 예뻐?" 하고 딸이 깔깔 웃었다. 자식을 낳아 키우면서 딸아이도 차츰 제 엄마가 자기를 키우느라 얼마나 힘들었고, 지금은 만년에 외손자까지 맡아 키우느라 노고가 크다는 걸 조금씩 깨달아 가는 것 같다. 부모 노릇이 힘들다는 걸 자식이 알아주는 건 고마운 일이지만, 그런 식으로 자식이 하나하나 깨달아 간다는 것이 더욱 고마운 일이다. 그러니 내가 좀 힘들다고 해서 "네 자식은 네가 알아서 키워라." 하고 외면할 수가 차마 없는 것이다.

5월 28일 월요일

딸아이는 어제 특근을 한 뒤 친정에 와서 잤고, 사위는 그제와 어제 연거푸 야근을 한 뒤 오늘 아침 퇴근해 처자식을 만나러 처갓집으로 왔다. 오늘은 부처님오신날이라고 해서 달력에 빨간 숫자가 매겨져 있는 공휴일인데다 모처럼 가족들이 한자리에 모인 김에 고기동 청운정으로 가서 점심을 먹기로 했다. 외손자 키우느라 노고가 크신 장모님을 위해 사위가 한턱 쏘겠다는 뜻이었다. 분당으로 나가면 한 사람당 삼사만 원씩 들어가니, 일이만 원 내로 즐길 수 있는 고기동이 우리는 마음 편했다. 의사 봉급이 일반 회사원들보다는 좀 많다고는 하나, 약간만 여유 있게 쓰면 저축할 여력이 없어지긴 똑같다는 것이 우리 부부가 딸아이한테 노상 강조하는 말이었다. 귀한 손님 대접하는 것도 아닌데 우리 식구끼리 한 사람당 삼사만 원짜리 음식을 먹고 나면 과용한 것만 같아 오히려 마음이 불편해서 포만감과 행복감을 즐길 기분이 사라진다. 사위는 한 사람당 이만 원짜리를 시킬 걸 그랬다고 몇 번이나 미안해했지만, 우리 부부는 만 이천 원짜리 식사와 그의 갸륵한 마음만으로도 충분히 행복했다.

5월 29일 화요일

재영이가 잠시도 가만히 있지를 못한다. 심심한 건 참을 수가 없고 호기심도 참을 수 없는 것 같다. 하루에 내 방을 스무 번쯤 들락거리고 안방, 작은 방, 부엌을 번갈아 들락거리며 호기심을 끄는 건 무엇이든 충족시키려 한다. 그동안 굴러떨어질까 봐 못 올라가게 베개를 쌓아놓은 침대도 무시로 오르내리고, 서랍들은 모조리 열어 안에 든 물건들을 사방으로 흩어놓는다. 그것도 모자라 싱크대 아래까지 열어 플라스틱 바구니랑 양은그릇들을 모조리 꺼내놓고 뱅뱅 돌리거나 올라타며 논다. 매일 가지고 놀던 레고나 장난감들은 이제 싫증났는지 늘 새로운 것을 찾아 나선다. 눈에 보이는 버튼이나 스위치는 모조리 눌러보고, 내가 없을 때는 컴퓨터를 켜고 문자판을 잡아당기며 소리를 지르더라고 했다. 녀석이 컴퓨터 스위치를 누르지 못하게 앞쪽에 두꺼운 책들을 여러 권 쌓고 마분지로 가려놓았는데도 그것들을 다 잡아 빼고 버튼을 눌렀다는 얘기고, 책상 위의 문자판을 잡아당겼는데 바닥에 닿지 않고 줄에 매달린 채 대롱거리자 그걸 잡아당기며 화를 내더라는 것이다. 평소 내가 하는 동작을 자세히 보고 그대로 따라 하려다 좌절당했기 때문이다. 시도하는 것마다 좌절시키는 것도 정신 건강에 문제가 있겠다 싶어 집사람과 나는 웬만한 건 그냥 내버려두기로 했지만, 지난번 녀석이 컴퓨터를 고장 내어 가게로 안고 간 경험이 있기 때문에 사용하지 않을 때는 전원을 꺼두기로 했다.

5월 30일 수요일

요새 재영이는 놀이터에 가면 미끄럼틀에만 올라가겠다고 고집을 부린다. 아직 미끄럼을 타지도 못하는 주제에 꼭대기로 올라가는 계단만 신바람 나게 오르락내리락하는 것이다. 한 계단씩 올라갈 때나 내려올 때마다 한 손으로는 옆 난간을 잡고 다른 한 손은 내가 붙잡아줘야 겨우 발을 뗄 수 있는데도, 녀석은 그때마다 대단한 성취감을 느낀 듯 만면에 미소를 지으며 의기양양한 표정을 짓곤 했다. 문제는 미끄럼틀에서 떠나려 하지 않는다는 점이었다. 그 조그마한 다리로 용을 꽁꽁 쓰며 꼭대기까지 서너 차례나 오르내리고도 또 다시 올라가겠다고 고집을 부렸고, 그래서 두어 차례 더 오르내린 뒤 집에 돌아오면 녹초가 돼 세상모르게 잠들었다. 저녁에 아범이 데리러 올 때까지도 깨어나지 않아 집사람과 내가 번갈아가며 녀석의 다리를 주무르고 발바닥을 간질여도 눈을 감은 채 생글생글 웃으며 몸만 이리저리 뒤척거리는 것이었다. 결국 저녁밥도 못 먹고 아빠 품에 안겨 제 집으로 돌아가야만 했다. 남은 잠은 차에서 마저 자고 집에 도착해서는 말끔하게 깨어나 밥을 먹어야 할 텐데.

5월 31일 목요일

아범이 아침에 재영이를 데려다 주며 녀석이 새벽 두 시경에 깨어나 한 시간 가량이나 울어댔다고 전했다. 배가 고파 운 건 아닌 것 같고 아무래도 변비 때문에 배가 아파 운 것 같다는 진단이었다. 수영하고 돌아온 집사람한테 그대로 전했더니 "변비는 무슨!" 하고 의사 사위의 진단을 단번에 무시했다. 어제 쓰나미 같은 똥을 세 번이나 쌌는데 무슨 소리냐는 것이었다. 하루 종일 어미랑 떨어져 있었기 때문에 엄마 생각나서 우는 거니까 그럴 땐 등에 업고 거실을 두어 바퀴 돌면 금방 다시 잠든다는 것이 아내의 주장이었다. 나는 그래도 아범의 말이 마음에 걸려 녀석을 유심히 살폈는데, 내가 언제 울었냐는 듯 하루 종일 깔깔거리며 잘만 놀았다. 생선을 발라 밥에 얹어주니 잘도 받아먹었고, 놀이터에 데려다놓자 신나게 뛰어놀았다. 나중에 똥을 쌌는데 보니까 정말 일본 동부 쓰나미 저리 가라였다. 소위 그 분야의 전문가라는 사람들의 주장도 강력한 모성애 앞에서는 깃털 하나만큼의 무게도 안 나갈 때가 있다.

6월 2일 토요일

아침에 딸아이가 재영이를 데리고 자기네 아파트로 갔기 때문에 집 안이 하루 종일 조용했다. 그렇다고 해서 아내가 한가하게 쉴 수 있는 건 아니다. 재영이가 없는 동안 다음 한 주일 동안 먹일 걸 준비해야 하고, 미뤄둔 집안일도 처리해야 한다. 오후에 시장에 다녀오겠다며 나간 아내는 뭘 잔뜩 사왔는지 지하 주차장에서 전화하여 좀 내려오라고 했다. 자동차와 엘리베이터 사이를 두세 차례나 오가며 나른 물품들 중에는 매실도 한 상자 끼어 있었다. 문제의 발단은 바로 그 매실 때문이었다. 매실을 먹으려면 안에 든 씨를 먼저 빼내야 한다. 그래서 아내는 아무 생각 없이 거실 텔레비전 앞에 앉아 드라마를 보면서 조그마한 나무절구로 매실을 콩콩 찧어 깨뜨리고 있었다. 그러자 갑자기 현관 초인종이 딩동딩동 울리더니 아파트 문밖에서 요란한 고함 소리가 들려왔다. 홈 네트워크의 통화 버튼을 누르고 누구냐고 물었더니 웬 사내가 다짜고짜 고함을 지르며 문을 열라고 했다. 무슨 일이냐고 하자 흥분해서 뭐라고 소리치는데 무슨 말인지 통 알아들을 수가 없었다. 왜 고함을 지르느냐고 묻자 사내는 더욱 흥분하며 길길이 날뛰었다. 실컷 날뛰도록 내버려둘까, 경비원을 부를까, 문을 열고 무슨 연유인지 알아볼까 망설이고 있는데 아내가 문제를 간파하고 현관으로 나가 문을 열었다.
내 아내라고 하는 말이 아니라 그녀는 원래 양처럼 순하고 착한 시골 여자였다. 그런데 나 같은 남자 만나 거친 세상 삼십오륙 년 살아오는 동안 눈부시게 변모했다. 아래층에서 올라온 뚱뚱한 사내를 상대로 그녀는 한 치도 밀리지 않고 삿대질을 하며 맞고함을 질러댔다. 아니, 내가 보기엔 오히려 한술 더 뜨는 것 같았다. "밤 9시가 넘은 시각에 왜 소음을 내느냐?"는 사내의 항의에, "왜 예의 없이 고함부터 지르느냐?"는 아내의 반박이었다. 흥분한 사내가 육탄 공격을 시도하려고 할 때 나는 아내를 복도에서 현관으로 억지로 끌어넣은 뒤 사내한테 "그만 내려가시오!"라고 말한 뒤 문을 쾅 닫아버렸다. 뒤따라 계단을 올라온 사내와 비슷하게 생긴 그의 와이프도 거기서 한 걸음 더 나갔다간 격투라도 벌어질 것 같았던지 제 서방을 끌고 곱게 물러갔다.

사내는 3년 전 우리가 이 아파트로 처음 입주해서 약간의 수리와 못질을 할 때에도 흥분해서 뛰어 올라와 아내한테 "뭐하는 짓거리냐!"고 고함부터 버럭 질렀다고 했다. 그때는 처음이라 아내도 얼떨결에 그냥 넘겼지만, 그게 두고두고 스트레스가 되더란다. 나이도 네댓 살은 젊어 보이는 사람이 누님뻘 되는 생면부지의 이웃 여자한테 다짜고짜 고함부터 지르다니, 정말 무례한 인간이구나 싶었다는 것이다. 이번에도 그냥 넘겼다간 스트레스로 돌 것만 같아 '그래, 너 죽고 나 살자'는 식으로 대들었다나?

우리가 낸 소음의 정도가 상식선을 넘은 것인지 아닌지는 판단하기 어렵다. 또한 소음에 대한 사내의 신경질적 반응이 지나친 건지 정상인지도 판정하기 쉽지 않다. 어쨌거나 사내가 참다 참다 계단을 뛰어 올라왔을 때는 그만큼 괴로웠기 때문이었을 테고, 그 원인 제공은 우리가 한 것이 분명했다. 상대가 괴롭다고 호소하는데 외면하는 건 도리가 아니지만, 사내처럼 흥분해서 길길이 날뛰면 그런 도리를 찾을 기회조차 안 주는 셈이다. 그래서 앞으로 밤중에 매실을 찧는 일 같은 건 삼가겠지만, 불가피한 생활 소음까지 줄여야겠다는 호의적인 생각은 별로 들지 않는다. 암튼 싸움을 그 정도로 끝낸 것은 잘한 짓이었다. 거기서 진일보하여 사내와 내가 서로 주먹질이라도 주고받았으면 지금쯤 경찰서에서 진술서 쓰느라고 날밤을 새우고 있을 것이다.

싸움하면은 친구 아니야 사랑하고 지내자
새끼손가락 고리 걸고 꼭꼭 약속해
- 〈꼭꼭 약속해〉, 정우진 작사

아이들한테는 이런 노래 부르게 해놓고 어른들은 싸우면 쓰나?

6월 4일 월요일

장모가 아래층 사내와 심하게 다퉜다는 얘기를 딸아이로부터 전해들은 아범이 아무래도 자기 환자 같다며 내려가서 좀 만나봐야겠다고 말했다. 정신과 전문의 시각으로 볼 때 아래층 사내의 상태가 아무래도 비정상인 것 같다는 얘기였다. 소음 때문에 신경이 다소 날카로워졌다고는 해도 자기 누님뻘 되는 이웃 여성에게 이사 온 첫날부터 다짜고짜 고함부터 질러댄 것이나, 그저께 일도 전화나 관리실을 통해 조용히 해결할 수 있는데도 무턱대고 뛰어 올라와 고래고래 소리치며 여자와 몸싸움을 벌였다는 건 정신이상 징후일 가능성이 매우 높다는 분석이었다.

전문의의 의견을 무시할 수는 없었지만 나는 사위를 말릴 수밖에 없었다. 아래층 사내가 다혈질이라 고함부터 질러대긴 했지만, 입장을 바꿔놓고 보면 그는 피해자이고 우린 가해자인 셈이다. 사내가 흥분하여 위층까지 뛰어 올라와 고함을 질러댄 것은 우리가 낸 소음이 크든 작든 그에겐 견디기 어려운 고통이었기 때문일 것이다. 그렇다면 원인 제공자인 우리가 피해자에게 왜 고함질이냐, 머리가 좀 이상한 것 아니냐며 삿대질하는 것은 온당하지 않다. 내가 아범을 말린 뒤 내린 결론은 세 가지였다. 첫째, 사내의 정신 상태는 우리가 괘념할 일 아니다. 둘째, 사내가 흥분할 만한 원인 제공을 가급적 삼가자. 셋째, 지나치게 신경 쓰지 말고 자유롭게 생활하자.

6월 5일 화요일

오늘은 목욕탕에 가서 어깨 마사지를 받는 날이다. 손가락 관절염과 함께 어깨에도 관절염이 찾아온 게 아닐까 의심하고 있다. 최근 한두 달 동안 약 먹으며 열심히 운동한 덕분에 어깨가 좀 부드러워진 것 같긴 한데, 낡은 기계에 기름 치고 닦는다고 새 기계가 되랴 싶다. 손가락과 어깨가 시원찮으면 재영이와 노는 일도 여의치 않을 것 같아 그게 제일 걱정이다. 그래서 두어 달 전부터 매주 화요일에 동네 사우나로 가서 어깨 마사지를 받고 있다. 분당 서울대 병원에 진료를 예약했는데 한 달이나 기다려야 한다고 해서 그때까지 어깨가 좋아지면 안 갈 생각도 있다. 동네 정형외과 의원이 사진을 찍어봐야 아무것도 안 나올 거라고 단언했기 때문이다.

6월 6일 수요일

현충일이라 조기를 내걸었다. 국경일에 국기를 내거는 것이 대단한 애국심은 아니라 하더라도, 요즘 야당 일부 의원들과 의식 없는 인간들이 국기에 대한 경례도 안 하고 애국가도 안 부른다는 보도를 자주 접한 터라 느낌이 좀 각별했다. 전에도 말한 적 있지만 이미 확보하여 누리고 있는 행복은 행복처럼 느껴지지 않는다. 우리가 공기를 마시고 살면서도 공기에 대한 고마움을 모르는 것과 같다. 그런 행복은 남에게 빼앗긴 후에야 비로소 뼈저리게 깨닫게 되지만, 일단 빼앗기고 나면 되찾아오기란 결코 쉽지 않다. 과거 역사에서 이미 여러 차례 겪지 않았던가? 우리가 요만한 땅덩이라도 지키며 요만큼 자유를 누리고 사는 것은 선열들이 뿌린 고귀한 피의 대가일 터이다.

공휴일인데도 딸아이는 출근을 했다. 사위가 재영이를 돌보겠다고 하는 것을 장모는 기어이 데려오게 했다. 재영이가 밥을 잘 안 먹기 때문에 아범 혼자서 돌보기는 힘들 거라는 게 그 이유였다. 아범이 모처럼 아들과 함께 하루 놀고 싶어 그러는지도 모르니까 내버려두라고 옆에서 만류했지만, 집사람은 아무래도 안심이 안 되는 모양이었다. 기어이 집에 데려오게 해서 녀석의 배가 볼록하도록 밥을 먹인 후 오후 서너 시 지나 목욕까지 시킨 후에야 아범한테 데려가도 좋다는 허락을 내렸다.

6월 7일 목요일

재영이가 물건을 던지는 버릇 때문에 외할머니한테 연신 혼나고 있다. 장난감이든 책이든, 흥미를 잃은 것은 무엇이든 던져버린다. 녀석이 처음 보는 새로운 물건들을 계속 공급해야 하는데, 그게 쉽지가 않다. 오죽하면 쓰레기통과 바가지, 소쿠리까지 등장했겠는가. 새로운 장난감을 사줘봐야 몇 시간 가지도 않는다. 호기심이 강한 만큼 싫증도 빨리 낸다. 가장 좋은 방법은 밖에 데리고 나가 함께 놀아주는 것인데, 내 체력에 한계가 있다. 버릇을 고치겠다고 집사람은 녀석이 물건을 던질 때마다 야단을 치며 손등을 탁탁 때려주곤 하는데, 공연히 양순한 녀석의 성격을 난폭하게 만들지나 않을지 걱정된다.

6월 8일 금요일

충격 방지용 합성수지 매트리스 다섯 장이 택배로 도착했다. 비닐 포장지를 벗기자 지독한 화공 약품 냄새가 눈과 코를 찔렀다. 얼른 베란다로 꺼낸 뒤 창문을 열어두고 거실로 통하는 문을 닫았다. 한 열흘쯤 지나야 거실 바닥에 깔 수 있을 것 같다. 거실엔 이미 똑같은 매트리스 열 장이 두 줄로 깔려 있다. 추가로 구입한 다섯 장은 남은 빈자리를 마저 커버하기 위한 것이다. 아래층 사내가 한바탕 난리를 치고 갔다는 소리를 들은 어멈이 아무래도 마음에 걸렸던지 인터넷으로 주문한 거라고 했다. 재영이가 플라스틱 자동차나 북이나 실로폰을 끌고 다니다 바닥에 떨어뜨렸을 때 나는 소리나 충격이 좀 덜하라고 까는 것이지만 거기에도 한계가 있다. 재영이가 꼭 거실에서만 노는 것도 아니고, 온 집 안 방바닥마다 매트리스를 다 깔 수는 없기 때문이다. 말도 못하고 알아듣지도 못하는 아이한테 야단치거나 말린들 소용없다. 이사를 할 수도 없고. 아래층 사내더러 그렇게 예민하면 단독주택으로 옮기라고 권할 수도 없다. 이 아파트 단지에는 젊은 층 부부들이 많아 낮에 놀이터에 나가면 아이들이 바글바글할 정도인데, 그 많은 아이들이 사는 아파트 아래층 사람들은 다들 어떻게 살고 있을까?

위험하지 않은 것은 재미도 없다는 듯,
16개월짜리 우리 외손자 녀석
요즘 안 올라가는 데가 없다.

6월 9일 토요일

위험하지 않은 것은 재미도 없다는 듯, 16개월짜리 우리 외손자 녀석 요즘 안 올라가는 데가 없다. 올라가다 몇 번씩이나 굴러떨어져 울면서도 언제 그랬냐는 듯 또 올라간다. 말릴 수도 없어 계속 긴장한 채 지켜볼 수밖에 없다. 소파나 침대를 오르내리는 건 이제 시시한지, 요즘은 놀이터의 벤치 위로 올라가서 아슬아슬한 곡예 걸음을 감행하기도 한다. 높이 50센티 폭이 30센티쯤 되는 등받이도 없는 벤치 위로 한쪽 다리를 걸치고 끙끙대며 올라간 뒤 서커스라도 하듯 아슬아슬하게 걸어가는 것이다. 비틀거리다 아래로 떨어지면 다칠 가능성이 크기 때문에 나는 바짝 긴장해서 녀석 뒤를 따라가며 동요 가사를 바꿔서 불러준다. "하하하하하. 조심하세요. 이마에 혹이 납니다." 녀석은 20미터쯤 되는 나무 벤치의 이쪽 끝에서 저쪽 끝까지 걸어갔다 돌아오자 조심스럽게 뒤로 돌아선 자세로 바닥에 내려왔다. 그 신중하고 용의주도함이란! 그리고 바닥에 다 내려온 뒤에 짓는 그 의기양양한 표정이라니! 하하!

하루 종일 참고 서 있는 착한 허수아비 아저씨
하하하하하 조심하세요 모자가 벗겨지겠네
하루 종일 참고 서 있는 착한 허수아비 아저씨
- 〈허수아비 아저씨〉, 김규환 작사

6월 10일 일요일

딸아이는 홍콩으로 3박 4일 출장을 떠났고, 아범은 회사 엠티에 참가했기 때문에 재영이는 수요일까지 외갓집에서 자야 한다. 밥만 잘 먹으면 3박 4일이 아니라 서너 달이라도 걱정할 게 없는데, 녀석의 그 짧은 입이 문제였다. 제 입에 안 맞으면 바로 뱉어내기 때문에 노상 외할머니의 속을 태우곤 했다. 외할머니가 속상해 우울해지면 옆에서 보고 있는 외할아버지도 같이 우울해진다. 그렇게 되면 집사람은 밥 먹을 생각도 않고, 나도 억지로 먹은 밥이 소화가 안 된다. 따라서 아내와 내가 기분 좋게 밥을 먹으려면 그 전에 온갖 수단을 동원해서라도 재영이가 밥을 먹도록 만들어야만 한다.

맨 먼저 우리 부부가 아침마다 먹는 누룽지 죽을 녀석에게 서너 숟갈 먹인다. 처음부터 고개를 내젓지만 장난감이나 다른 물건들을 손에 쥐여주며 먹이면 얼결에 서너 번은 받아먹는다. 그 다음엔 밥에다 생선을 올려 몇 숟갈 먹인다. 그것도 고개를 돌리며 거부하면 그땐 김에다 밥을 싸서 먹인다. 녀석에게 김밥은 밥이 아니라 과자 개념이다. 그래도 서너 번 받아먹고 나면 또 고개를 젓는다. 그러면 이번엔 밥에다 콩고물을 묻혀서 먹인다. 이것도 과자 개념이지만 서너 번 이상은 받아먹지 않는다. 그 다음부터는 과일이다. 사과나 참외를 숟가락으로 긁어 먹이거나 블루베리를 먹이다가 그마저 고개를 저으면 맨 마지막으로 귤이나 오렌지를 먹인다. 녀석이 가장 좋아하는 과일이 귤과 오렌지이기 때문이다. 여기까지 무사히 오면 녀석의 배는 올

챙이배처럼 볼록해진다. 식탁에서 거실 바닥에 내려놓으면 배가 불러 힘도 나겠다, 기분이 좋아 신나게 뛰어다니며 논다. 요즘은 외할아버지 흉내를 내어 기침도 따라 하고, 뒷짐 지고 걷는 거나 맨손체조하는 것도 그대로 따라 하고, 커피를 후후 불고 한 모금 마신 뒤 "하아!" 하는 것까지도 그대로 따라 하곤 한다. 우리 집에 따라쟁이가 하나 생겼다.

6월 11일 월요일

재영이는 잘 자고 나서 우는 법이 없다. 잠을 덜 잤는데 억지로 깨우면 좀 칭얼대다가 만다. 집사람이 모임에 나가고 없는 사이에 안방에서 잠자던 녀석이 깨어나서 뭐라고 쫑알거리며 나오는 소리가 들렸다. 집에 아무도 없을 때는 어떤 반응을 보일지 궁금해서 문짝 뒤에 숨어서 엿보았다. 녀석은 내 방까지 와서 방 안을 살펴보고는 외할아버지가 없는 걸 확인하자 곧 돌아서서 거실로 걸어갔다. 거실에서 뭐 하고 있나 고개를 내밀고 봤더니 방바닥에 삐딱하게 앉아 창문을 향해 멍한 눈길을 던지고 있었다. 다들 어디 갔을까, 하는 망연한 표정이었다. 내가 모퉁이에서 "까꿍?" 하고 소리치자 녀석의 머리가 번개처럼 홱 돌아왔다. 멍한 눈길과 망연하던 얼굴 표정이 얼마나 빨리 환하고 반짝반짝 빛나는 얼굴로 변하던지! 텅 빈 집 안에 혼자 남겨진 줄 알았다가 하찌가 있다는 걸 알게 된 순간의 안도감과 기쁨이 그 작은 얼굴에 가득했다.

오늘은 함매도 없으니까 우리끼리 좀 마음 편하게 먹어보자, 하고 나는 녀석과 함께 먹을 점심 식사를 준비했다. 냉동고에 보관 중인 찐 옥수수를 꺼내어 압력솥에 넣고 물을 약간 부은 다음 가스레인지 위에 올려놓은 뒤 미역국과 김과 김치와 밥을 식탁에 차렸다. 녀석을 식탁 의자에 앉힌 다음 미역국에 밥을 말아 한 숟갈 입에 떠 넣자 그럴 줄 알았다는 듯 즉시 내뱉었다. 맛 없어? 좋아, 먹지 마. 나는 압력솥에서 새로 익힌 옥수수를 꺼내어 낱알을 따서 입에 넣어주었다. 녀석은 맛있게 잘 먹었다. 먹을 만하다 이거지. 좋아, 그러면 밥 대신 넌 옥수수나 먹어. 나는 접시에다 옥수수 알갱이를 훑어서 담아준 뒤 옥수수의 부드러운 부분을 뚝 부러뜨려 손에도 쥐여주었다. 녀석은 접시에 담긴 알갱이를 손으로 집어 입에 넣기도 하고, 손에 든 옥수수를 앞니로 물어뜯기도 하며 신나게 먹어댔다. 그 사이에 나도 미역국에 밥 말아 김치와 함께 점심 식사를 끝낸 뒤 녀석을 의자에서 내려주었다. 거실을 뛰어다니며 노는 녀석에게 나는 김에 싼 밥을 하나씩 먹이기 시작했다. 옥수수만 먹으면 안 되지. 밥도 조금 먹어야 놀이터에 나가 놀 수가 있어. 거실을 뛰어다니며 노는 재미에 녀석은 김밥을 대여섯 차례 받아먹었다. 그만큼 먹었으면 됐어. 이번엔 네 녀석이 좋아하는 치즈를 주마. 나는 녀석 꽁무니를 따라다니며 치즈 하나를 다 먹인 다음 박스에서 두유를 하나 꺼내어 빨대를 꽂아주었다. 잠시 후 두유까지 다 먹고 배가 빵빵해진 녀석을 뽀로로 자전거에 태운 나는 뽀로로 음악으로 풍악을 울리며 아파트 놀이터로 나갔다. 그만큼 먹었으면 먹을 것 다 먹었으니 놀이터에 나가서 놀 자격이 충분히 있고말고.

6월 12일 화요일

그제는 회사 엠티 때문에, 어제는 야근이라 이틀 연속 아들 얼굴을 못 본 아범이 아침에 퇴근하여 처갓집부터 들렀다. 재영이가 아빠를 엄청 좋아하고 아범도 아들을 금쪽같이 여기는 건 언제 봐도 다행스럽다. 부자가 만나면 서로 에너지를 주고받은 것처럼 둘 다 방방 뛴다. 집사람은 그게 보기 좋아 연신 하하 호호 웃다가 뻔히 알면서도 사위한테 아침 식사는 했느냐고 묻는다. 회사 식당에서 먹었다고 하자, 그러면 점심이라도 먹고 가라며 오전 10시밖에 안 됐는데 밥을 하기 시작한다. 덕분에 매일 오후 1시 넘어야 얻어먹던 점심을 오늘은 11시 반에 먹게 되었다. 원래 점심시간은 12시니까 30분쯤 앞당겨 먹으면 뭐 어떠냐는 것이 아내의 고무줄 논리였다. 아범은 어제 야근하고 있는데 홍콩에서 재영이 엄마가 전화를 했더라고 말했다. 이틀 동안 마누라와 아들을 못 봤으니 아들이 더 보고 싶으냐 마누라가 더 보고 싶으냐며 따져 묻더란다. 그래서 내가 아범에게, 그러면 "넌 아들이 더 보고 싶으냐 남편이 더 보고 싶으냐고 물어보지 그랬어."라고 코치해주었다.

저녁에는 딸아이가 친정으로 전화했다. 이런저런 얘기를 주고받다가 아침에 아범이 했던 말이 생각나서 물어보았다. "넌 남편이 더 보고 싶냐, 아들이 더 보고 싶냐?" 그랬더니 이런 대답이 돌아왔다. "근데 아빠, 이상하게도 엄마가 제일 보고 싶어." 아이고, 요 여우. 제 새끼를 엄마한테 맡겨놨으니 그렇게 대답하겠지.

6월 13일 수요일

재영이가 낮에 잠을 자면서 홀짝홀짝 흐느껴 울었다. 이제 겨우 17개월 접어든 애가 무슨 슬픈 꿈이라도 꾸나 싶어 놀란 마음으로 살펴봤더니 녀석은 어지간히 서러운지 흑흑 흐느끼며 요에 눈물까지 한 방울 똑 떨어뜨렸다. 정말 희한한 일도 다 있구나 싶었고 도무지 이해가 되지 않았다. 한 이틀 엄마를 못 봐서 엄마 생각이 나서 그러나? 그래도 그렇지, 아직도 어린 아기가 잠을 자면서 엄마 꿈을 꾸고 운다는 건 말이 안 되는 것 같았다. 암튼 훌쩍거리는 녀석을 손으로 다독이며 달래주자 녀석은 울음을 그치고 계속 잤다. 수수께끼는 시장 갔다 돌아온 아내의 설명으로 풀렸다. 내 얘기를 들은 아내는 재영이가 꿈속에서 제 엄마를 봐서 우는 게 아니라, 어젯밤 울음의 뒤끝일 거라고 했다. 어젯밤 11시가 넘도록 잠을 안 자고 설쳐대던 녀석이 거실로 나가보니 불이 꺼져 캄캄하고, 외할아버지 방으로 가보니 방문이 굳게 닫혀 있자 그렇게 서럽게 울더라는 것이었다. 그 설명은 17개월짜리 아이가 엄마 꿈을 꾸며 운다는 것보다는 훨씬 설득력이 있었지만 그래도 그렇지, 어젯밤의 울음 뒤끝을 그 다음날 오전에는 아무 일도 없었다는 듯 잘도 뛰어놀다가 오후에 낮잠을 자면서 마무리한단 말인가? 인간의 두뇌가 참으로 오묘하다는 생각이 들면서 그런 줄 알았으면 어젯밤 내가 잠을 못 자는 한이 있더라도 일어나 녀석을 반갑게 맞아줄 걸 그랬다 싶은 게 괜히 마음이 짠했다.

어젯밤엔 우리 아빠가 다정하신 모습으로

한 손에는 크레파스를 사가지고 오셨어요 음음

그릴 것은 너무 많은데 하얀 종이가 너무 작아서

아빠 얼굴 그리고 나니 잠이 들고 말았어요 음음

밤새 꿈나라에 아기 코끼리가 춤을 추었고

크레파스 병정들은 나뭇잎을 타고 놀았죠 음음

어젯밤엔 달빛도 아빠의 웃음처럼

나의 창에 기대어 포근히 날 재워줬어요 음음

- 〈아빠와 크레파스〉, 이혜민 작사

재영아, 앞으로는 꿈을 꾸려면 저런 꿈만 꾸도록 하렴.

6월 14일 목요일

3박 4일 홍콩 출장 다녀온 다음날, 회사로 출근한 딸아이가 오늘은 3주년 결혼기념일이라 조 서방과 모종의 행사가 있는 관계로 재영이를 데려가는 시각이 좀 늦어지겠다고 전화해 왔다. 그저께 시집보냈던 것 같은데 벌써 3년이 지났다고 하니 세월 참 빠르기도 하다 싶다. 그 사이에 아들도 하나 낳아 별 탈 없이 쑥쑥 자라고 있고, 제 남편과 금실도 좋아 알콩달콩 잘 살아주고 있으니 고마울 따름이다. 덕분에 외손자를 밤낮없이 돌봐야 하는 외할머니의 수고야 감내해야지 어쩌겠는가. 딸아이 외국 출장 간 동안 기진맥진하여 한시라도 빨리 재영이를 데려가서 좀 쉬었으면 했던 외할머니 심정은 옆에 있는 외할아버지나 알지.

집안 형편에 따라 약간 차이는 있겠지만, 우리 세대 대부분에게 있어서 결혼기념일이란 생일 축하만큼이나 어색한 것이다. 먹고살기도 바빴던 우리 아버지 세대의 자식들로 태어난 덕분에 변변한 생일상 한번 받아본 적 없었던 우리들은 결혼을 한 후에야 아내가 차려주는 첫 번째 생일상을 받고 어색했던 기억들을 지니고 있다. 심지어 나 같은 인간이 이 세상에 태어난 게 뭐 그렇게 축하할 일인가 하는 자조까지 서슴지 않았고, 아내가 결혼기념일 타령을 하면 "우리가 결혼한 게 기념까지 할 만큼 대단한 일이야?" 하고 농담 반 진담 반으로 약을 올려주기도 했다.

그런데 3박 4일 홍콩 출장에서 호텔 잠을 자고 호텔 음식을 실컷 먹고 돌아왔을 딸아이가 그 다음날이 결혼기념일이라고 남편과 외식하고 늦게 들어오겠다는 걸 보면서 세태가 변해도 많이 변했음을 실감한다. 그동안 밤낮없이 제 아들을 돌보느라 제 어미는 진이 빠질 대로 빠져 있는 것도 모르고 말이다.

밤 10시가 넘어 자기를 데리러 온 엄마 아빠 앞에서 재영이는 앙앙 울기만 했다. 보통 때는 엄마나 아빠가 오면 신이 나서 방방 뛰던 녀석이 오늘은 영 이상했다. 저녁에 설사를 하더니 배가 아픈가 하는 생각이 들었지만, 말을 안 하니 알 수가 있나. 사나흘 동안 자기를 방치했던 엄마 아빠가 갑자기 함께 나타나니 미워서 그러는가 싶기도 했다. 암튼 우는 녀석을 아범 품에 안겨서 보내자니 마음이 짠했다. 제발 아무 탈 없이 집에 가서 밤새 예쁜 꿈꾸며 잘 자야 할 텐데. 그러고 보니 요즘 들어 녀석의 울음소리를 자주 들은 것 같은 느낌이 들었다.

6월 15일 금요일

아침에 재영이를 맡기러 온 아범이 어젯밤 녀석이 울어댄 이유는 불알에 똥독이 올라 따가웠기 때문이었던 것 같다고 말했다. 아기가 똥을 쌌을 때 기저귀를 빨리 갈아주지 않아 그럴 것이라며 녀석 불알에 발라주던 연고를 건네주었다. 집 안으로 안고 들어와서 기저귀를 열고 녀석의 불알을 살펴보자 정말 발그레한 부위가 보였다. 오줌만 싸도 소금기 때문에 따가울 것 같다며 자주 씻어주고 연고를 발라줘야 한다고 집사람한테 설명했다. 외할머니가 "난 고추를 안 달아봐서 잘 모르겠는데, 요게 고추야 불알이야?" 하며 불알에 연고를 발라주자 녀석이 간지럽다고 까르르 웃었다. 내가 옆에서 "고추도 모르면서 불알 잡고 탱자 탱자 하는 거야?"라며 아내와 함께 깔깔 웃자, 녀석도 덩달아 깔깔 웃어댔다.

재영이가 밥을 하도 안 먹어서 잘게 만 김밥과 치즈, 두유 등을 뽀로로 자전거에 싣고 놀이터로 나갔다. 놀이터에서 목마와 시소도 타고 미끄럼틀도 오르내리면서 하나씩 먹이니까 그럭저럭 잘 받아먹었다. 이렇게 밖에 나와 먹이기 버릇하면 집에서는 더 안 먹으려고 한다는데, 녀석이 워낙 안 먹으니 우선 먹이고 보자는 심정이었다. 김밥과 치즈를 먹은 녀석에게 빨대를 꽂은 두유를 쥐여줬더니 그것까지 다 먹었다. 배가 빵빵해진 녀석이 신나게 뛰어노는데, 네 살쯤 되어 보이는 형이 달려와서 심술궂게 툭툭 부딪치곤 했다. "아기한테 그러면 안 돼." 하고 내가 주의를 주자 그 녀석은 물러났다가 잠시 후에는 세발자전거를 타고 오더니 재영이 앞으로 마구 돌진했다. 심술궂은 녀석이구나, 싶어서 나는 재영이를 뽀로로 자전거에 태우고 다른 놀이터로 도망가려고 했다. 그러자 녀석이 이번엔 자전거로 우리 앞을 가로막았다. 내가 화가 나서 뽀로로 자전거로 그 녀석의 자전거를 쾅 박아주자 그제야 옆으로 슬금슬금 비켜섰다. 집에 돌아와서 아내한테 그 얘기를 했더니 도리어 나만 야단쳤다. 그러다 애들 때문에 어른 싸움 나겠다며 걱정이 되어 놀이터에 더 이상 못 내보내겠다는 것이었다. "아니, 재영이가 아니고 나를 말이야?" 하는 나의 항의는 간단히 묵살당했다.

6월 18일 월요일

아내가 점심을 먹고 또 체했다. 워낙 예민한 성격이라 걸핏하면 잘 체한다. 기분이 우울해도 체하고, 화가 나도 체하고, 초조하거나 조급해도 체하고, 남편인 내가 미울 때도 체한다. 그래서 나는 아내가 체하면 그것이 나에 대한 항의나 저항으로 느껴질 때가 많다. 평생 아내에게 듬직한 남편으로 안정감을 주지 못한 것에 대한 항의와 저항일 것이다 싶어서. 그래서 나도 똑같이 우울해지거나, 화가 나거나, 초조하거나, 조급해지거나, 아내가 미워지기도 한다. 그렇지만 아내가 자신의 그런 기분을 좀처럼 말로 표현하지 않고 침묵으로 일관할 때가 많은 것처럼, 나도 나의 그런 기분을 가급적 아내에게 표현하지 않으려고 애쓴다. 상황을 악화시킬 뿐이기 때문이다. 그 대신 나는 체한 것이나 빨리 내려가라고 아내의 명치를 내 따뜻한 손으로 열심히 문지르거나, 약국에 가서 활명수를 사다 먹인다. 그 편이 상황 개선에 도움이 되기 때문이다.

그런데 오늘은 체할 이유가 없었다. 재영이도 밥을 잘 먹었고, 나도 점심을 같이 먹은 뒤 곧장 재영이를 뽀로로 자전거에 태워 아파트 단지 내 놀이터로 데리고 나갔다. 혼자 남은 아내는 느긋하게 점심을 먹고 천천히 나오면 될 일이었다. 놀이터에서 만나 함께 은행에 볼일 보러 가기로 했던 것이다. 그런데도 괜히 마음이 조급하더란다. 재영이가 밥을 잘 안 먹거나 뱉어내기 시작한 이래 생긴 버릇이다. 녀석에게 밥을 먹이려고 하면 이젠 가슴부터 두근거린다고 한다. 또 안 먹으면 어떡하나, 또 뱉어내면 어떡하나, 오늘은 무엇을 어떻게 먹이면 좋을까, 이런 생각을 하면 가슴이 콩닥콩닥 뛴다는 것이다. 그래서 결국 재영이가 밥을 잘 먹든 안 먹든 마찬가지로 초조해진다는 것이다. 내가 좀 느긋한 마음으로 아이에게 밥을 먹이라고 옆에서 조언해봐야 아무 소용도 없다. 오늘처럼 밥을 다 먹이고 난 뒤에도 초조했던 그 마음이 남아 점심 먹은 것이 체했다는 사람한테 무슨 조언이 먹혀들 것인가? 그냥 또 약국에서 활명수나 사다 먹이고 손바닥으로 명치나 열심히 문질러줄 수밖에. "니 배는 똥배, 내 손은 약손." 해가면서. 또 이따금씩은 나도 아내 흉내를 내며 "아이고, 내 팔자야!" 해가면서.

6월 19일 화요일

재영이가 놀이터에서 가장 많이 보는 곤충이 나비와 개미들이다. 나비가 화단에서 춤을 추는 걸 보면 녀석은 손가락으로 가리키며 소리친다. 그리고 나비가 시야에서 사라질 때까지 눈으로 발로 따라간다. 그러면 나도 〈나비야 나비야〉 노래를 불러주며 녀석과 함께 나비를 쫓아간다. 요즘 잠자리는 눈에 띄지 않고, 오산 쪽에서 날아오는 철제 잠자리만 가끔 폭음을 내며 하늘을 날아오는데, 벌써 서너 차례나 재영이한테 보여주려고 손가락으로 가리키며 소리치거나 번쩍 안아 올려 하늘을 처다보게 했지만 모두 실패했다. 녀석이 도무지 하늘을 처다보려 하지 않았기 때문이다. 재영이는 아직 하늘에는 관심이 없는 모양이다. 오직 땅 위에 있는 것들에만 호기심을 보인다.

나비야 나비야 이리 날아 오너라
노랑나비 흰나비 춤을 추며 오너라
봄바람에 꽃잎도 방긋방긋 웃으며
참새도 짹짹짹 노래하며 춤춘다
- 〈나비야 나비야〉, 스페인 민요

아파트 놀이터에서 재영이가 가장 많이 발견하는 것이 개미들이다. 그래서 개미들만 보면 곧잘 쫓아다니는데, 실컷 쫓아다니다 싫증나면 발로 탁 밟아버리기도 한다. 내가 깜짝 놀라며 "안 돼, 아야야." 하고 말리면 생글생글 웃다가 재미 삼아 또 탁 밟는다. 천진난만한 아기한테서 이런 공격 본능은 어디서 나오는지 모르겠다. 그 본성을 순화시켜 예쁜 꽃으로 피어나게 하려면 세심한 주의와 배려가 필요할 것이다.

개미가 개미가 엄마 심부름 간다
사이좋게 줄을 서서 심부름을 가다가
동무끼리 서로서로 부딪혔다네
아야 아야 아파 아파 미안 미안해
- 〈개미 심부름〉, 작자 미상

6월 21일 목요일

기온이 섭씨 30도를 오르내리자 재영이가 땀을 줄줄 흘리기 시작했다. 체질까지 아범을 닮아 더위를 많이 타는 듯했다. 잠시도 가만히 못 있는데다 신명이 넘쳐 걸핏하면 방방 뛰기 때문에 고 조그마한 정수리를 타고 말간 땀이 쪼르륵 흘러내리곤 했다. 요즘은 외할아버지와 공놀이에 재미를 붙여 구멍이 숭숭 난 플라스틱 공을 죽을 둥 살 둥 모르게 쫓아다니며 집어던지곤 했다. 내가 환성을 지르며 큰 몸짓으로 공을 잡아 굴려주면 녀석은 신이 나서 깔깔거리며 한여름철 논두렁에 개구리를 패대기치듯 플라스틱 공을 내 앞으로 휙 내던지곤 했다. 그렇게 길길이 날뛰니 에어컨을 켜놓아도 녀석은 늘 땀을 줄줄 흘렸다. 보다 못한 집사람이 녀석의 이마로 흘러내린 머리카락을 한 타래로 모아 고무줄로 꽁꽁 묶어주었다. 그런 모양을 하고 놀이터에 나갔더니 재영이보다 한두 달 어려 보이는 남자아이를 데리고 나온 어떤 아줌마가 그걸 보곤 "누나 왔네."라고 말했다. 날씨가 더워지니 재영이 잠재우는 일도 그전보다 어려워졌다. 전에는 내가 품에 안으면 포근하고 아늑한 느낌에 금방 조용해지며 쉽사리 잠들던 녀석이 이젠 더운데다 제 몸도 뜨겁고 외할아버지 몸도 뜨거우니 안기만 하면 두 손으로 내 가슴을 밀어냈다. 요즘은 플라스틱 자동차에 태워도 자기를 재우려고 그러는 줄 알고 곧 내려와 버린다. 그래서 그 대용으로 이용하는 것이 방 문틀에 매단 그네다. 녀석을 그네에 태우고 발로 슬슬 밀어주며 나지막하게 노래를 불러주면 얼마 후에는 그네에 흔들리며 깜박깜박 졸기 시작한다. 그때 얼른 내려서 가슴에 안고 토닥여주면 짧은 시간 안에 재울 수가 있다. 그렇게 재우지 않으면 외할머니가 녀석을 등에 업고 거실과 안방을 오락가락해야 겨우 잠드는데, 그 방법은 지친 사람을 더 지치게 만드는 것 같아 내가 보기에도 좀 안쓰럽다.

6월 22일 금요일

오늘 재영이는 제가 싼 똥을 제 발로 밟았다. 어쩌다 그런 불상사가 벌어졌는가 하면, 녀석이 기저귀에 싼 똥을 외할머니가 얼른 치운 뒤 목욕을 시킬 요량으로 새 기저귀를 채우지 않고 바지만 입힌 채 그대로 두고 욕실에 물을 받으러 간 사이에 2차로 실례한 똥덩어리가 바짓가랑이 틈으로 흘러내려 거실 바닥에 떨어졌고, 녀석은 쫀닥쫀닥한 그것을 맨발로 답싹 밟았던 것이다. 그런데 녀석의 얼굴을 보니 똥 밟은 표정이 전혀 아니었다. 그보다는 "이게 뭘까?" 하는 표정, 따뜻하고 쫀득쫀득한 그 감촉을 발바닥으로 음미하는 듯한 표정이었다. 그러니까 내가 예상했던 녀석의 표정은 나의 고정관념에 불과했던 것이다. 하긴 이제 17개월 접어드는 아기가 똥을 밟았을 때 어떤 표정을 지어야 하는지 알 리가 없다. 지금까지는 기저귀 속에다 싸면 그대로 돌돌 말아 쓰레기봉투 속으로 직행했으니 제 똥이 어떻게 생겼는지 구경도 못 했을 것이다. 오늘 비로소 그 생김새를 제대로 구경하고, 발바닥으로 따뜻하고 쫀득쫀득한 그 감촉까지 느껴본 셈이다. 이것도 신기록인데, 오히려 축하해야 할 일 아닌감?

6월 26일 화요일

점심 먹고 산에 올라갔다 내려와 목욕탕에서 어깨 마사지를 받고 돌아오니 오후 다섯 시였다. 재영이는 세 시에 일어나 밥 먹고 목욕하느라 오늘은 놀이터에도 못 나갔다고 했다. 매일 밖에 나가 콧구멍에 바람 넣고 들어오던 녀석을 그러면 되나, 하고 나는 집사람의 만류에도 불구하고 뽀로로 자전거에 태우고 나왔다. 아파트 단지 내 놀이터 두 군데를 돌아본 뒤 녀석을 내 무릎 위에 앉히고 그네를 탔다. 아직 너무 어려서 혼자서는 그네나 미끄럼틀을 탈 수 없다. 그래서 미끄럼틀을 탈 때도 나랑 같이 꼭대기로 올라가서 무릎 위에 앉힌 다음 두 다리를 앞으로 올려놓고 두 손도 앞으로 모아 쥔 다음 같이 미끄러져 내려온다. 나와 재영이가 그렇게 미끄럼을 타는 걸 본 동네 아줌마들이 웃었지만, 녀석이 워낙 신나 하니 그만둘 수가 없다. 목욕을 시켰으니 자전거에서 내려놓지 말고 그냥 한 바퀴 돌아 들어오라는 집사람의 당부를 어기고 재영이와 나는 그네와 미끄럼틀까지 탄 뒤에야 돌아왔다. 그런데 아파트로 돌아오는 길에 재영이를 데려가려고 차를 몰고 들어오던 아범과 마주쳤다. 이런 적이 처음이라 재영이는 엄청 좋아했다. 아범이 재영이를 안고 나는 빈 자전거를 끌고 돌아오니 집사람이 웬일이냐며 시원한 수박을 썰어 내놓았다. 원님 덕에 나팔 분다고 사위 덕분에 내가 매번 잘 얻어먹는다니까.

6월 27일 수요일

평생을 통 털어 서너 번밖에 안 되는 외국 여행인지라 전 같으면 좋아라 했을 집사람이 이번 일본 관광 여행엔 그저 시큰둥하기만 하다. 아무래도 재영이하고 떨어지기 싫어서 그러는 것 같다. 우리 네 형제와 형수 제수들이 모처럼 의기투합해서 함께 일본에 나 다녀오기로 한 것인데, 어느 모로 생각해도 좋은 일이고 바람직한 일이었다. 나는 원래 자동차나 배를 오래 타면 멀미가 나는 체질이라 어디 멀리 가기를 싫어하지만, 집사람은 안 그랬는데 소극적인 걸 보면 순전히 재영이 때문이다. 토요일이나 일요일에 아범 어멈이 재영이를 데려가서 돌볼 때도 집사람의 생각은 노상 재영이한테 가 있다. 재영이는 어젯밤 잘 잤을까? 밥은 잘 먹었을까? 똥은 잘 쌌을까? 아내의 머릿속을 맴도는 질문도 이 세 가지뿐인 것 같다. 너무 집착하지 말라고 내가 몇 번이나 지적해줘도, 아내는 자기가 좋아서 그러는 거니까 말리지 말란다. 심리 상태가 그러하니 재영이가 그 세 가지 중 한 가지만 이상 증세를 보여도 아내는 좌불안석 밥도 제대로 못 먹는다. 또 그런 상태로 밥을 먹으면 백발백중 체하고 만다. 일본에는 아직 가본 적이 없는 아내가 일본 여행을 시큰둥하게 생각하는 것도 여행이 싫어서가 아니라 재영이 때문에 마음이 영 안 놓이는 탓이다. 아내의 정신 상태가 이 정도라면 사위한테 마땅히 상담을 의뢰해야 내가 정상적인 남편이 아닐까? 잘 모르겠다.

6월 28일 목요일

여행을 다녀올 동안 재영이한테 먹일 음식과 딸 내외 먹을 반찬 만드느라 집사람은 온종일 바빴다. 그냥 내버려둬도 재영이를 굶기거나 반찬이 없어 밥을 못 먹을 딸과 사위가 아니건만, 아내는 마치 자기가 안 해주면 다들 굶어 죽기라도 하는 것처럼 꼼꼼히 챙기곤 했다. 그렇게 한 보따리 싸서 퇴근길에 들른 사위 차에 실어 재영이랑 함께 보낸 후에야 우리 부부는 저녁을 먹으러 근처 음식점으로 갔다. 매번 음식과 반찬 만드느라 냄새에 질린 데다 기운이 빠질 대로 빠져 우리가 먹을 음식까지 만들 생각은 도저히 나지 않고 기분 전환도 필요하기 때문에 벌써 여러 달째 이런 식으로 저녁 끼니를 해결해오고 있다.

저녁을 먹고 아파트로 돌아와 내일 아침에 떠날 여행 가방을 꾸리고 있는데 딸한테서 전화가 왔다. 여행 가서 쓸 용돈 드리는 걸 깜박 잊고 왔다며 사위가 방금 차를 몰고 다시 나갔다는 얘기였다. 여행 경비는 이미 여행사에 다 지불했고 용돈으로 쓸 돈은 수중에 있다면서 집사람은 그만두라고 했지만, 사위는 기어이 늦은 밤에 차를 몰고 와서 봉투를 하나 내놓고 갔다.

봉투 안에 든 돈을 세어보니 30만 원이었다. 그러자 아까 저녁 먹으러 나갔을 때 아내가 현금인출기에서 30만 원을 빼내면서 집에 40만 원 있으니까 합계 70만 원이면 여행 용돈으로는 충분하지 않겠냐고 말했던 것이 생각났다. 매사에 빈틈이 없는 아내가 내일 아침 6시에 여행을 떠나면서 필요한 돈을 낮에 미리 찾아놓지 않고 야간에 단돈 몇 천원이라도 수수료를 물며 찾았다는 건 그녀답지 않은 행동이었다. 어쩌면 아내는 말로는 그만두라고 하면서도 사위나 딸이 약간의 용돈은 챙겨줄 것으로 예상했기 때문에 돈을 미리 찾아두지 않았던 게 아니었을까? 아니면 집에 있는 40만 원만으로도 모자라진 않을 거라고 생각했다가 조금 더 넉넉히 가져가기로 작정했던 걸까?
그러자 사위도 정말 깜박 잊고 그냥 갔다가 생각나서 되돌아왔을까 하는 의심이 들었다. 혹시 모르는 척 그냥 넘기려고 했다가 재영이 엄마나 다른 누군가에게 옆구리를 찔려 밤늦은 시각에 허둥지둥 달려온 건 아닐까? 하필이면 사위가 건네고 간 봉투 속의 금액과 집사람이 현금인출기에서 빼낸 금액이 절묘하게 일치했다는 사실이 내 기분을 좀 묘하게 만들었다. 옆구리 찔러 절 받는 기분이 꼭 이렇지 않을까 싶어서.

7월 2일 월요일

사흘 만에 본 재영이 표정이 별로 밝지가 않았다. 풀 죽은 얼굴이 약간 마른 것 같았고, 일본에서 사온 장난감 자동차를 줘도 심드렁해 했다. 사흘 동안 엄마 아빠랑 너무 신나게 놀아서 지쳤나, 밥을 제대로 안 먹어 말랐나, 집사람과 내가 번갈아 걱정하며 녀석의 기분을 돌리려고 애써도 소용이 없었다. 오전에 잠을 재운 뒤 오후에 놀이터로 데리고 나가 형들이랑 누나들이랑 같이 시소를 타며 나비야 나비야, 학교 종이 땡땡땡, 곰 세 마리가 한 집에 있어, 삐악삐악 병아리 음메 음메 송아지 등의 노래를 들으며 박수 치고 놀고 나자 표정도 밝아지고 기분도 좋아졌다. 네 시가 조금 넘어 아파트로 돌아와 집사람이 녀석을 씻기고 나니 그제야 얼굴이 반짝거리며 이전 개구쟁이 표정으로 완전히 돌아왔다. 내가 허리를 굽히기 싫어 발가락으로 선풍기를 켰다 껐다 하는 걸 언제 봤는지, 요즘은 녀석이 거실에서 방방 뛰다 더우면 선풍기로 달려가 엄지발가락으로 버튼을 꾹꾹 눌러댄다.

7월 5일 목요일

딸아이가 재영이 돌보느라 엄마 고생한 거 생각해서 아범과 상의하여 이번 여름휴가에 모두 함께 괌 여행을 하기로 계획한 모양인데, 공연히 노땅들이 끼어들어 젊은이들 휴가만 망쳐놓을 것 같아 사양하기로 했다. 젊은 부부가 모처럼 얻은 휴가를 자유롭고 멋지게 즐겨야지, 괜히 꼬리를 주렁주렁 달고 가서 뭘 어쩌겠다는 건가. 재영이를 데리고 네댓 시간씩 비행기를 타는 것도 쉬운 일이 아닐 뿐더러, 태평양 한가운데 있는 산 설고 물 선 섬에 가서 뭘 먹이며, 아이가 덜컥 아프기라도 하면 어찌할 건가. 우리는 집에서 편안하게 재영이를 보고 있을 테니 너희들이나 마음껏 젊음을 발산하고 오라고 했다. 그게 서운하면 나중에 연휴를 이용해서 공기 맑은 계곡에 있는 조용한 콘도나 얻어 한 이틀 푹 쉬도록 해주면 그게 더 좋을 것 같다는 말로 딸아이 내외를 일단 달래놓았다. 그것도 그때 가봐야 알 일이니까.

저녁에 아범은 친구들과 술 한잔하느라고 재영이를 못 데려가고, 딸아이가 밤늦게 데리러 오거나 집사람이 데려다 줘야 한다는 것을 그럴 필요 없이 외갓집에서 그냥 재우라고 했다. 하루 종일 비도 추적추적 내리고 내일 오전에는 폭우도 예상된다는데 무리하게 아이를 이동시켜야 할 이유가 없었다.

7월 6일 금요일

간밤에 비가 많이 온 모양이다. 아파트 단지 옆으로 흐르는 시내가 흙탕물로 흘러넘치고 서울 시내와 근교 여기저기에 물난리가 났다는 뉴스가 흘러나왔다. 보슬비가 하루 종일 그칠 기미를 보이지 않았다. 어제도 온종일 비가 와서 놀이터에 못 나갔는데, 오늘도 못 나가면 재영이가 너무 답답해할 것 같아 뽀로로 자전거에 태운 뒤 우산을 쓰고 아파트를 나섰다. 비가 오니까 놀이터는 텅 비어 있었고 그 많던 아이들이 다 어디로 갔는지 그림자도 보이지 않았다. 비가 들이치지 않는 아파트 건물 공간에 재영이를 내려놓았더니 예상했던 대로 너무 좋아하며 팔짝팔짝 뛰었다. 비 때문에 이틀이나 방 안에 갇혀 있었던 녀석은 바깥에 나온 것만으로도 신이 났고, 콘크리트 기둥 사이를 뱅글뱅글 돌며 숨바꼭질만 해도 우리는 한 시간쯤 문제없이 행복할 수 있었다.

7월 7일 토요일

그러니까 지난 5월에 제 엄마 생일 선물 겸 어버이날 선물로 딸아이가 예약해준 뮤지컬 〈위키드〉 관람일이 바로 오늘로 다가왔다. 공연 장소는 한강진역 옆에 있는 블루스퀘어라는 곳인데, 공연 시각이 오후 2시라고 해서 점심은 그 근처에서 해결하기로 하고 일찌감치 출발했다. 〈오즈의 마법사〉가 원작인 뮤지컬 〈위키드〉는 무대장치와 의상, 배우들의 춤이 모두 볼만했다. 그런데 음악은 세대차 때문인지 별로 감동을 못 받았다. 그래도 뮤지컬을 몹시 좋아하는 아내는 공연이 끝나자마자 딸아이한테 전화하며 한 번 더 보고 싶다고 말했고, 딸은 두 주일 후로 예약해둔 자기들 티켓으로 또 보라고 했다. 하지만 16만 원씩이나 하는 비싼 입장료를 물어가며 또 보기에는 너무 지나친 호강 같고, 그보다는 딸과 사위가 보는 것이 더 낫겠다고 생각했던지 엄마는 딸의 호의를 사양했다.

딸과 사위 덕분에 좋은 구경을 했으니 그 보답으로 저녁을 사겠다는 집사람의 제의가 받아들여져 정자역에서 딸 내외와 재영이를 만나 고기동에 있는 한식집 소담골로 갔다. 한동안 재영이 돌보는 일로 너무 바빠 딸 내외와 함께 식사할 겨를도 없었는데, 모처럼 한자리에 둘러앉아 맛있는 음식도 배불리 먹고 재영이와 놀다 돌아오니 몸은 노곤해도 기분은 아주 좋았다.

7월 10일 화요일

재영이를 데리고 단지 내 놀이터로 나갔는데 녀석이 좀 이상했다. 원래 겁 많고 조심스런 녀석이긴 했지만 오늘따라 더 소심해진 것 같았다. 며칠 전까지만 해도 미끄럼틀 계단을 꼭대기까지 올라가서 나랑 같이 미끄러져 내려오는 걸 좋아했는데, 오늘은 두 계단만 올라가면 도로 내려오겠다고 안달했다. 간신히 달래서 꼭대기까지 올라간 다음 무릎에 앉히고 미끄러져 내려온 뒤에도 그전처럼 즐거워하지 않았다. 팽이의자에 앉아 돌아가는 것도 싫어하고, 목재 벤치 위에 기어 올라가서 아슬아슬하게 걷는 것도 거부했다. 무슨 일로 된통 겁을 집어먹은 것 같았고, 아범이 너무 과보호해서 소심해졌나 하는 생각도 들었다. 위험하다고 해서 아이가 하려는 걸 너무 가로막으면 의기소침해진다. 아이들은 넘어지고 깨지면서 크는 것이다.

7월 13일 금요일

뽀로로 자전거에 재영이를 태우고 놀이터에 나갔더니 어린이집 소유인 플라스틱 자동차 한 대가 버려져 있었다. 어떤 녀석이 실컷 타고 놀다가 내팽개치고 간 모양인데, 우리 재영이도 엄청 좋아하는 장난감이라 마침 잘 됐다 싶어 녀석을 플라스틱 자동차에 태웠다. 그랬더니 신이 나서 핸들을 돌려대고 소리도 나지 않는 클랙슨을 손바닥으로 마구 두드려댔다. 한 걸음도 앞으로 나가지 않는 자동차를 핸들만 열나게 돌려대는 것이 보기 딱해서 내가 뽀로로 자전거 앞바퀴로 뒤에서 슬슬 밀어주자 녀석은 더욱 신이 나서 핸들을 돌려댔다. 하도 가관이라 휴대폰 동영상으로 찍어 제 어미한테 보내주며 밑에다 토를 달았다.

"재영이 F1 출전. 시속 1천 킬로미터로 미친 듯이 질주."

그랬더니 곧바로 답신이 날아왔다.

"ㅋㅋㅋ 제자리에서 미친 듯이 질주? ㅋㅋㅋ"

나는 다시 문자를 보냈다.

"원래 속도가 너무 빠르면 제자리에 있는 것처럼 느껴지는 법이야."

평일에는 근무하느라 바쁘고, 주말에는 재영이 돌보랴 집안 청소와 빨래를 하랴 제대로 쉬지도 못 하는 우리 딸에게 이런 작은 기쁨이라도 선사해야지. 나한테 요런 귀염둥이를 안겨줬으니, 생각할수록 기특한 딸 아닌가.

7월 15일 일요일

일본 후쿠시마 현이 폭우에 잠기고 중국도 홍수로 인명 피해가 적지 않다고 뉴스에서 떠들어댔다. 우리나라도 남부 해안 지대를 중심으로 전국에 물난리를 겪고 있는 판인데 장마 전선이 다시 북상 중이라니, 지난해 산사태로 피해를 입은 사람들은 불안해서 잠도 못 이룰 것이다. 정치하는 것들은 뇌물이나 받아 챙겨 제 배 불릴 궁리만 하고, 자치단체장 뽑아놨더니 콩고물 노리고 청사를 휘황찬란하게 짓거나 전시용 행정이나 하다 쫓겨나 철창신세가 되기 일쑤니, 여름철마다 비만 오면 물난리가 되풀이될 수밖에 없는 것 아닌가?
하지만 재영이한테는 그런 모든 것들이 무의미하다. 홍수가 나서 일본과 중국이 다 떠내려가든 말든, 재영이는 단지 사흘 동안 쉴 새 없이 내리는 비 때문에 놀이터에 나갈 수 없었던 것만 답답할 뿐이다. 그래서 녀석은 거실을 벌써 쉰 바퀴도 넘게 방방 뛰며 돌고 있다. 에너지가 남아돌아 주체하기 힘들다는 듯이. 거실에서라도 뛰어야지 어쩌겠는가. 아빠는 어제부터 연이틀 야근이고, 엄마는 일요일인데도 출근을 했다. 만만한 건 외할머니와 외할아버지. 잠시도 긴장의 끈을 늦추지 마세요, 하고 녀석은 지금도 쉴 새 없이 방방 뛴다. 금방이라도 자빠질 듯 비틀거리며.

7월 16일 월요일

대구 바깥사돈한테서 전화가 왔다. 며칠 전에는 재영이가 입을 여름옷을 한 벌 사서 보내주시더니, 오늘은 직접 전화를 하신 거다. 날씨도 더운데 재영이 키우느라 얼마나 고생이 많으냐는 인사말에서부터 건강 이야기가 주로 오갔다. 교통이 아무리 발달해도 노인들에게 대구는 여전히 멀고, 건강과 경비 문제도 있으니 손자가 보고 싶다고 옆집 드나들듯 쉽게 오갈 수 있는 건 아니다. 칠순 넘어 본 장손이 귀해서 직접 옷가게를 방문하여 손수 옷을 골라 소포로 보낼 만큼 정성이 대단하시니, 곁에 두고 싶은 마음이 왜 없겠는가? 다만 그럴 여건이 안 되니 안타까울 뿐이다.

7월 17일 화요일

아내가 재영이와 나를 차에 태우고 아파트 근처를 흐르는 하천 상류로 올라갔다. 그동안 비가 많이 내려 개울물이 많이 불었고 수질도 깨끗해져 있었다. 물이 넘쳤던 곳에는 깨끗하게 씻긴 모래가 소복이 쌓여 있었다. 아파트 단지 내 놀이터에는 모래밭이 없고, 화단의 모래는 개들이 오가며 똥오줌을 싸기 때문에 오염되었을 가능성이 크다. 그렇지만 개울가에 쌓인 모래는 물에 씻기며 떠내려 온 것이라 깨끗해 보였다. 재영이를 모래 위에 내려놓고 제과점에서 사온 빵과 우유를 먹으며 쉬었다. 재영이도 처음 먹는 카스테라가 입에 맞는지 냉큼냉큼 잘도 받아먹었다.

배가 부르자 모래 장난을 시작했는데, 재영이는 모래를 손발에 묻히길 싫어했다. 나와 아내가 모래를 긁어모아 터널도 만들고 녀석의 손발에 일부러 모래를 묻혀주며 유도를 해도 칭얼대기만 했다. 평소에도 손이나 발에 뭐가 묻으면 징징대며 닦아 달라고 하는 녀석이었다. 너무 강요하면 역효과가 날 것 같아 모래 장난은 포기하고 대신 물장난을 하기로 했다. 녀석 손목을 잡고 개울 속으로 조심스럽게 들어가자 처음에는 겁을 집어먹더니 차츰 표정이 밝아졌다. 맑은 물이 발등을 간질이며 줄줄 흘러가는 것이 신기하고 재미있는 모양이었다. 욕조에서도 물장구를 치며 놀기 좋아하던 녀석이라 물하고는 친근한 탓인지 이번엔 개울에서 안 나오려고 고집을 부렸다.

물놀이를 끝낸 다음 근처 어린이 공원으로 올라가서 놀이기구들을 태워주었다. 셋이서 놀다 보니 어느새 오후 5시가 넘어 귀가하기로 했는데, 재영이는 돌아가기 싫다고 앙앙 울었다. 그렇지만 아범이 퇴근해서 녀석을 데리러 오기 전에 목욕도 시키고 밥도 먹여야 하니까 아쉽지만 다음을 기약하고 차에 태울 수밖에 없었다. 재영아, 다음에 또 오자. 응?

7월 19일 목요일

먹기 싫다고 자꾸 뱉어내는 녀석에게 억지로 먹이니 기어이 토해버렸다. 사부인 말에 의하면 아범이 어릴 때 꼭 그랬다고 했다. 밥 먹을 때가 되면 아예 방바닥에 누워버리고, 억지로 먹이면 토했다는 것이다. 재영이가 그런 제 아빠를 빼닮았다. 먹는 것도 그렇고, 행동도 그렇고, 더위를 많이 타서 땀을 뻘뻘 흘리는 것까지 그렇다. 누룽지죽과 잣죽 두 가지를 끓여 어떻게든 외손자에게 먹이려고 애쓰던 외할머니는 속이 많이 상했다. 나는 불똥이 내게 튈까 봐 말도 못하고 옆에서 눈치만 살피다 물러났다.

낮에는 녀석이 안 하던 동작을 하기 시작했다. 드러누워 몸을 굴리는가 하면, 일어선 자세로 제자리 맴돌기를 반복하곤 했다. 그게 그렇게도 재미있는지 깔깔거리며 그만둘 생각을 안 하더니, 기어이 비틀거리다 자빠지며 서랍장에 이마를 꽁 찧고 말았다. 자지러지게 울어대는 녀석을 급히 안아 올려 달래주고 난 뒤 이마를 살펴봤더니 아니나 다를까, 밤톨만한 혹이 불쑥 솟아올라 있었다. 아이고, 우리 재영이, 많이 아프겠다! 그나마 서랍장 앞면에 찧었기에 망정이지, 모서리에 찧었으면 피부가 찢어질 수도 있었다고 생각하니 아찔한 기분이었다.

재영이 기분도 꿀꿀한데 빗방울이 좀 듣는다고 해서 놀이터에 안 나갈 수 없었다. 태풍은 지나갔는지 간간이 비가 흩뿌리다 그치다 했다. 뽀로로 자전거에 녀석을 태우고 우산을 챙겨 단지 내 놀이터로 나갔다. 놀이기구들이 비에 젖어 있었지만 까짓 거, 휴지로 대충 닦고 타면 되었다. 엉덩이가 좀 젖으면 어때, 그치, 재영아? 그네를 태워주고, 시소를 타고, 팽이의자와 팔랑개비를 돌리며 신나게 놀았는데, 미끄럼틀만 못 탔다. 거긴 비가 너무 많이 고여 있어서 닦아낼 수가 없었던 것이다. 두어 시간 실컷 놀고 난 뒤 뽀로로 자전거에 실려 집으로 돌아오는 동안 재영이는 너무 피곤한지 꾸벅꾸벅 졸기 시작했다. 그래서 함께 샤워도 못하고 손만 간신히 닦아준 뒤 잠자리에 뉘었다. 잠든 녀석의 머리카락을 살짝 들치고 이마를 살펴보니 부기가 많이 가라앉긴 했는데 파르스름한 멍이 들어 있었다. 푹 자고 나면 완전히 가라앉아 있어야 할 텐데.

7월 20일 금요일

아침에 아범이 건네주는 재영이를 안고 거실로 들어와 이마를 살펴보니 혹이 가라앉은 자리가 파르스름했다. 눈에서 불이 번쩍할 정도로 혼이 났으면 좀 조심할 만도 한데 녀석은 여전히 기운이 뻗쳐 방방 뛰었다. 넘어져서 이마에 혹이 난 사실을 수십 번이나 깨우쳐줬지만 그때만 잠시 동작을 멈출 뿐, 1초만 지나면 잊어버리고 다시 방방 뛰었다. 거실 벽을 삥 돌아가며 스펀지 방어벽이라도 치고 싶은 심정이지만, 그게 과연 아이를 위한 일인지도 의심스러웠다.

아범이 야근이라 저녁에 딸아이가 친정으로 아들을 보러 왔다. 엄마가 나타나자 녀석이 갑자기 신이 나서 깨춤을 추더니, 잠시 후엔 물건들을 휙휙 집어던지기 시작했다. 책이고 장난감이고 바구니고 손에 잡히는 대로 집어던져 머리나 얼굴에 맞을까 봐 걱정되었다. 아무리 달래도 말을 안 들어서 물건을 던질 때마다 손등을 찰싹찰싹 때려줬는데, 맞을 때만 잠시 가만히 있다가 반항하듯 다시 휙휙 던지곤 했다. 17개월 된 녀석의 반항에도 어찌 해야 할지 당장 해답이 안 나오는데, 아이가 점점 커가면서 강도 높은 반항을 할 때는 어떻게 대처할 것인가? 생각할수록 아득하고 인간 하나 만드는 일이 지난하게만 느껴졌다.

7월 21일 토요일

지난 초복 때 삼계탕 먹으려고 작정했다가 예약 손님이 60여 명이나 밀려 포기했던 분당에 있다는 그 삼계탕집의 삼계탕을 딸아이가 포장해서 가져오겠다고 연락해 왔다. 집사람은 재영이를 데리고 식탁마다 펄펄 끓는 뜨거운 국물이 있는 음식점에는 아예 갈 생각을 안 했다. 그것을 잘 아는 딸아이가 제 딴에는 아이디어를 낸 셈이었다. 삼계탕으로 저녁 식사를 마치고 소화도 시킬 겸 재영이를 뽀로로 자전거에 태우고 모두 산책을 나갔다. 아파트 단지 옆으로 흐르는 개천을 따라 외할머니와 제 엄마 손을 양쪽으로 잡고 걸어가며 재영이는 신바람이 났다. 상류까지 올라가자 물은 더욱 맑아졌다. 녀석 손을 잡고 물속으로 들어가자 신이 나서 두 발로 정신없이 첨벙대는 바람에 바지와 기저귀까지 금방 젖어버렸다. 물이 차가워 발이 시릴 정도인데도 안 나가겠다고 앙탈하는 녀석을 억지로 끌어내어 젖은 바지와 기저귀를 벗겼다. 물장구는 예정에 없던 일이라 예비 기저귀와 바지가 있을 리 없었다. 알궁둥이 그대로 자전거에 태우고 집으로 돌아오는데, 녀석이 아무래도 기분이 이상한지 자꾸만 아래쪽을 살폈다. 그런 차림으로 자전거를 타보긴 생전 처음이었던 것이다. 기저귀를 살펴보니 워낙 흡수성이 강한 거라 축축하게 느껴지지 않았다. 그래서 녀석을 자전거에서 내려 기저귀를 채운 다음 다시 태웠더니 그제야 마음의 안정을 되찾았는지 외계인 언어로 혼자 신나게 떠들어댔다.

요즘은 말을 배운답시고 한두 마디씩 흉내를 낸다.
'하찌'라는 말보다 '함매'라는 말이 더 어려운 모양이다.

7월 24일 화요일

책상에 앉아 뭘 좀 하려고 하면 재영이가 아장아장 걸어와서 내 무릎을 손으로 살살 건드린다. 얼른 안아 올려 무릎에 앉혀 달라는 뜻이다. 녀석이 자판을 마구 두드려 컴퓨터를 이상하게 만들어놓기 전에 일을 끝내는 게 상책이다. 요즘은 말을 배운답시고 한두 마디씩 흉내를 내긴 하는데, 머리 돌아가는 것에 비해 말은 좀 더딘 편이다. '외할아버지'나 '외할머니'라는 말은 너무 어려우니까 나더러는 '하찌'라고 부르고, 외할머니한테는 '함매'라고 하는데, 하찌라는 말보다 함매라는 말이 더 어려운 모양이다. 집사람이 들어와 자꾸만 함매라고 해보라고 하니까 내 무릎에서 내려가더니 외할머니를 방 밖으로 밀어냈다. 어려운 거 자꾸 시키려면 그만 나가라는 뜻이다.

나와 결혼한 후 35년 세월을 날마다 밥 짓고 반찬 만드는 일로 넌더리를 내던 아내는 요즘 재영이 먹이는 일로 힘들어하고 있다. 아무리 맛있는 음식을 만들어줘도 녀석은 딱 한 번만 먹고 나면 두 번째는 고개를 젓는다. 나랑 같이 살면서 "오늘은 뭘 먹을까?" "하루 한 끼만 먹으면 안 되나?" "알약 한 개만 먹으면 종일 식사 안 해도 되는 그런 세상은 언제 오나?" 하며 지겨워하던 아내는 요즘 날마다 "뭘 만들어야 재영이가 잘 먹을까?"라는 생각으로 골머리를 앓고 있다. 먹는 입이 달라졌을 뿐 아내의 고민은 예나 지금이나 마찬가지니, 옆에서 지켜보는 나는 딱하지만 그것도 팔잔가 보다 싶다.

7월 25일 수요일

아침 출근길에 아범이 재영이를 데려오면 나는 아파트 주차장으로 내려가서 아이를 받아 안고 올라온다. 자는 녀석을 이른 시각에 깨워 우유를 먹이고 곧장 차에 태웠을 테니, 얼굴에 졸음기가 가득한데도 외할아버지를 보면 생긋 웃는다. 아빠를 그렇게 좋아하면서도 내 품에 안기며 싫다고 앙탈하거나 거부 반응을 보인 적이 한 번도 없다.

아파트 현관에 들어서면 엘리베이터 단추를 누르는 것은 재영이 몫이다. 단추 누르기를 무척 좋아하기 때문이다. 엘리베이터에 오르면 미리 알고 고사리 같은 손가락을 버튼으로 가져간다. 내가 그 손을 잡아 7층을 누르게 한 다음 한 층씩 올라갈 때마다 바뀌는 숫자를 가리키며 큰 소리로 읽어준다. "1! 2! 3! 4! 5! 6! 7!" 딩동댕~ 음악 소리, 엘리베이터 문 열리는 소리. "짜잔!" 엘리베이터에서 내리면 곧장 우리 아파트 문 앞이다. 녀석이 또 손을 내민다. 내가 잠금장치 뚜껑을 연 뒤 녀석의 손가락을 잡고 비밀번호를 하나하나 누른다. 문을 열고 들어가면 현관 복도에 뽀로로 자전거가 있다. 녀석이 또 손을 내밀고 핸들의 버튼 하나를 꼭 누른다. 뽀로로 노래가 좁은 현관 복도를 가득 메운다.

야아, 뽀로로다! 안녕 뽀로로?

안녕 친구들, 안녕 친구들

모두 함께 놀자 개구쟁이 뽀로로

안녕 친구들, 안녕 친구들

모두 뛰어놀자 뽀롱뽀롱 뽀로로

- 〈안녕 친구들〉, 뽀로로 OST

천사를 품에 안은 나는 그 노래에 맞춰 덩실덩실 춤추며 거실로 들어간다. 노래가 다 끝날 때까지 거실을 빙빙 돌며 춤춘다. 녀석이 까르르 웃는다. 나도 껄껄 웃는다. 우리의 하루는 그렇게 시작된다.

7월 26일 목요일

재영이는 오후 시원할 때 외할머니랑 놀이터에 이미 다녀왔다고 해서, 저녁 식사 후엔 나 혼자만 산책을 다녀올 생각이었다. 캄캄한 밤에는 모기들도 달려들기 때문에 어린애를 데리고 밖에 나가기가 꺼려졌다. 그런데 낌새를 알아챈 녀석이 칭얼대며 따라붙었다. 이젠 내가 나가면 무조건 따라나설 참이다. 외할머니가 달래어 간신히 떼어놓았다.

들고 나온 음식 쓰레기를 버리고 백 미터쯤 걸어갔을 때 휴대폰이 울렸다. 재영이가 울음을 그치지 않아 안 되겠으니 데리고 가라는 얘기였다. 할 수 없이 다시 올라갔더니 녀석이 앙앙 울며 닭똥 같은 눈물을 흘리고 있었다. 내가 달래면서 뽀로로 자전거에 태웠더니 금방 표정이 환해지며 생글생글 웃는다. 보고 있던 집사람이 기가 차다는 듯 한마디 했다. "당신 이제 큰일 났다. 아무 데도 못 가게 생겼어."

모기한테 물릴까 봐 무더운 여름밤에 긴팔 윗도리까지 입혀서 놀이터로 데리고 나갔다. 집사람은 우느라 저녁밥도 못 먹은 녀석한테 먹이려고 음식을 챙겨들고 뒤따라 나왔다. 캄캄한 밤 가로등이 환한 놀이터에는 더위를 피해 나온 아파트 주민들과 아이들이 여럿 놀고 있었다. 재영이는 그 속에서 신나게 뛰어놀며 외할머니가 먹여주는 저녁밥을 먹었다.

밤나들이를 하고 돌아온 녀석은 기분이 최고였다. 그래서 그런지 밤 11시가 넘도록 잠잘 생각을 안 했다. 2012년 런던 올림픽 축구 예선인 대 맥시코전 전반전이 끝난 11시 반까지도 눈을 반짝이며 거실을 돌아다니는 바람에, 나는 하는 수 없이 후반전 시청을 포기하고 잠자리에 들어야만 했다. 녀석이 잠을 자야 말이지.

7월 27일 금요일

연일 땡볕에 기온이 33~34도를 오르내린다. 대구는 37도라고 한다. 그거야 숫제 삶는 거지, 원. 아무리 폭염이 기승을 부려도 오늘은 산에 올라가기로 했다. 며칠째 더위를 핑계로 운동을 게을리했더니 배가 살살 나오며 몸무게가 뽀작뽀작 올라갔다.

줄기차게 울어대는 매미 소리를 환청처럼 느끼며 폭염 속을 걸어 산기슭에 도달하니 시원한 바람에 정신이 좀 드는 것 같았다. 평소 올라가던, 호수가 내려다보이는 정자까지 오르는 데 한 시간 반이나 걸렸다. 몇 걸음 올라가다가 쉬고, 또 다시 올라가다 쉬기를 수없이 반복했다. 몸무게가 늘어서 그런지 이전보다 숨이 더 차고 다리도 무겁게 느껴졌다. 시원한 바람이 불어오는 정자에 드러눕자 나도 모르는 사이에 깜박 잠들었던 모양이었다. 머리에 봉창이 뚫린 것처럼 시원하고 정신이 맑았다. 그래, 뭐가 걱정이냐. 이렇게 잠들었다 영영 깨어나지 못한들 억울할 것도 애통할 것도 없다 싶었다.

집에 돌아오니 재영이는 벌써 아범이 데려가고 없고, 거실에는 녀석이 가지고 놀다 던져버린 플라스틱 장난감들과 레고, 인형 따위가 난장판을 이루고 있었다. 매일 하는 일이지만 몸이 피곤할 때는 그것들을 일일이 주워 담는 것도 힘겹다. 그러니 하루 종일 녀석과 씨름을 벌이는 집사람은 얼마나 진이 빠질까. 그래도 녀석이 재롱을 부릴 때마다 좋아서 헤헤 호호 하는 걸 보면 모성 본능이 참으로 신비하게 느껴진다.

7월 30일 월요일

욕조에다 물을 받아 재영이를 그 안에 집어넣어 놓으면 물장구를 치며 시간가는 줄도 모르고 논다. 이제 그만 놀고 나가자고 하면 싫다고 앙탈한다. 워낙 더위를 많이 타고 땀을 많이 흘리는 체질이라 물을 아주 좋아하는 것 같다. 물에서 놀면 배도 금방 꺼지기 때문에 밥도 잘 먹어서 나쁠 건 없지만, 혹시 사고라도 날까 봐 옆에서 꼼짝없이 지켜봐야 하는 게 좀 고역이다. 요즘은 날씨가 워낙 무더워 놀이터에 나가기도 힘들다. 자연히 놀이터에 나가 노는 시간이 줄어드는 대신 욕조에서 물장구나 치며 노는 시간이 늘어났다. 시원한 소나기라도 가끔 지나가면 좋으련만, 요즘은 그런 것도 없이 쨍쨍 내려쬐기만 한다. 하루 종일 에어컨 바람을 쐬고 나면 저녁엔 골이 다 지끈거린다. 오죽하면 태풍이 다가온다는 소식이 반갑게 느껴지기까지 할까. 저지대 사람들을 생각하면 그래선 안 되는데.

7월 31일 화요일

재영이가 얼굴을 들이대고 친한 척 샐샐 웃으며 뭐라고 쫑알대는데 외계인 언어라 한 마디도 알아들을 수 없다. 18개월이나 되었는데 말이 늦다고 외할머니는 걱정이지만 나는 낙관적이다. 인생은 멀고도 오랜 장거리 여행 아닌가. 먼저 달려 나간다고 꼭 먼저 도착한다는 법도 없고, 먼저 도착한다고 꼭 좋다는 법도 없다. 쉬엄쉬엄 쉬어가며 가지 않으면 오히려 도중에 주저앉는 수가 있다. 그래도 그동안 꼬이기만 하던 녀석의 혀가 최근 들어 조금씩 풀리는 기미를 보인다. 전에는 내가 말을 시키면 못 들은 척 입을 꼭 다물고 있던 녀석이 요즘은 조금씩 따라 하기 시작했다. 벌소리만 만들어내던 녀석의 혀가 요즘은 제대로 된 소리를 하나둘 뱉어내기 시작했다. 그것도 신명이 나 있을 때만 그렇고, 내키지 않을 때는 옆에서 아무리 말을 시켜도 입을 꼭 다물고 아랑곳하지 않는다. 그렇지만 이제 고 조그마한 입으로 동요들을 따라 부를 날도 멀지 않았음을 나는 안다. 제가 안 그러고 배기나?

8월 1일 수요일

아파트 창문으로 내려다보니 나무 이파리들이 폭염 속에 꼼짝도 않고 있다. 콘크리트 덩어리인 아파트 건물이 뜨끈뜨끈하게 달아오르고, 물체들이 달리의 그림 속처럼 흐물흐물 녹아내릴 것만 같다. 더워서 창문을 열면 쇳내 나는 후텁지근한 공기가 훅 밀려와서 숨을 틀어막는다. 얼른 창문을 닫고 에어컨을 틀 수밖에 다른 방법이 없다. 그렇게 온종일 에어컨 바람을 쐬고 나면 저녁 무렵엔 골이 지끈거린다. 종일 방 안에만 갇혀 지낸 재영이는 놀이터에 못 나가서 안달이다. 외할아버지나 외할머니가 볼일이 있어 잠시만 밖에 나가도 따라가겠다고 앙탈이고, 안 데리고 나가면 대성통곡을 한다. 아무리 달래도 소용없고, 유일한 방법은 욕조에 물을 채운 뒤 그 안에 집어넣는 것뿐이다. 태풍 '담레이'는 비나 좀 몰고 올 것이지, 한반도 옆으로 살짝 비켜 지나가면서 폭서만 몰고 왔다.

8월 2일 목요일

재영이가 사고를 쳤다. 잠자면서 기저귀 바깥으로 오줌을 싸는 바람에 셔츠와 요를 흠뻑 적신 것이다. 기저귀를 채울 때는 단단히 여몄지만, 잠을 자면서 워낙 몸부림을 많이 치는 녀석이라 허리 부분이 헐거워진 모양이었다. 게다가 오줌보가 가득 차면 녀석의 그 조그마한 고추도 성을 내며 바짝 일어선다. 발기한 고추 끝이 배꼽을 향해 오줌발을 쏘자 헐거워진 기저귀 사이로 뿜어져 나온 것이다. 녀석이 입고 있던 셔츠 아랫부분이 흥건하게 젖고, 요에도 노란 오줌 물이 들었다. 집사람은 생전 처음 그런 일을 당해서 놀랍고 어리둥절한 모양이었다. 그런 일이 어떻게 가능한지 이해가 잘 안 되는 것 같아서 내가 실로 오랜만에 남성의 발기에 대해 자세히 설명을 해줄까 하다가 너무 새삼스러워서 그만두었다. 암튼 기저귀만 갈아주면 될 일이 갑자기 세 가지로 늘어났다. 기저귀 갈아주고, 셔츠 갈아입히고, 요 홑청도 벗겨서 빨아야만 한다. 안 그래도 저 때문에 바쁜 외할머니한테 녀석이 일거리를 보태준 것이다.

8월 5일 일요일

진종오 선수가 50미터 사격에서 두 번째 금메달을 목에 걸면서 우리나라는 애초 목표인 금메달 열 개를 조기에 달성했다. 홍명보의 한국 축구는 홈팀 영국을 승부차기에서 누르고 4강에 올랐다. 우리 국민의 저력이 실로 놀랍고, 세계 어디에 내놔도 손색이 없음을 증명한 것이다. 열대야로 잠 못 이루는 밤에 올림픽 경기를 보느라 뜬눈으로 밤을 새우는 사람들이 많다고들 한다. 기왕 열대야로 못 잘 바에야 우리 팀 응원이나 열심히 하는 것도 좋은 일이지. 기분에 죽고 산다는 말도 있잖은가.

무더위로 잠 못 자고 칭얼거리기는 재영이도 마찬가지다. 자다가도 더우면 칭얼대기 시작하는데, 선풍기를 돌리거나 에어컨을 켜주면 다시 얌전히 잠든다. 그렇지만 잠든 상태에서 체온이 너무 떨어져 감기라도 걸릴까 봐 여간 조심스럽지가 않다.

8월 6일 월요일

재영이가 새벽 3시에 깨어나 울어대는 바람에 밤새 잠을 설쳤다고 아침에 아범이 아이를 건네주며 말했다. 너무 더워서 그런 것 아니냐고 했더니, 에어컨을 켜고 잤는데도 그랬다는 대답이 돌아왔다. 아범과 재영이는 워낙 더위를 많이 타서 에어컨을 켠 방 안에서 자고, 애 엄마는 에어컨 바람이 싫어 혼자 거실에서 잔다고 했다. 그런데 재영이가 왜 울었는지 원인을 알 수 없다는 얘기였다. 최근 폭염 때문에 하루 종일 에어컨을 켠 집 안에만 아이를 가둬놔서 그런 게 아닐까 싶었다. 요즘은 나도 무더위 때문에 가급적 밖에 안 나가고 집 안에서 온종일 에어컨 바람을 쐬어서 그런지 늘 골이 지끈거리고 몸이 무거웠다. 그래서 집사람은 오늘도 무덥긴 하지만 오후에 해 떨어지길 기다려서 재영이를 놀이터에 데리고 나갔다. 기운 없이 칭얼대던 녀석이 놀이터에서 한 시간 반쯤 놀고 돌아왔을 땐 기분이 백팔십도로 달라져 있었다. 밝은 표정으로 생글생글 웃고 재잘거리며 방방 뛰는 원래의 모습으로 돌아온 것이다. 오늘 밤엔 콜콜 잘 자야 할 텐데. 출근해야 하는 엄마 아빠 힘들게 하지 말고.

8월 7일 화요일

아침에 재영이를 데리고 온 아범은 녀석이 어제저녁엔 밥도 잘 먹고 밤에 잠도 잘 잤다고 했다. 그러니까 녀석은 며칠씩이나 놀이터에 안 데리고 나가니까 일종의 시위를 했던 모양이다. 어제 아침과는 얼굴 표정부터 완전히 달랐다. 내게 안기며 생글생글 웃고, 집 안에 들어와서도 신나게 뛰놀았다.

오후에 해가 떨어지자 집사람은 재영이를 데리고 다시 놀이터로 나갔다. 녀석의 시위가 결국 먹혀든 셈이었다. 무더위는 여전히 기승을 부렸지만 다행히 오늘은 바람이 조금씩 불었다. 한 시간쯤 놀다 들어온 녀석은 기분이 좋아 샤워하는 내내 뭐라고 쫑알쫑알 떠들어댔다. 목욕하고 나온 녀석을 그네에 태워 노래를 불러주자 금방 끄덕끄덕 졸았다. 한 시간쯤 자고 나서 아범 품에 안겨 돌아가는 녀석의 기분은 최고였다.

8월 9일 목요일

무더위가 약간 누그러진 듯하다. 아침저녁으로는 제법 시원한 바람이 분다. 재영이는 요즘 컨디션이 최고다. 오늘은 놀이터에도 나갔다 들어왔고, 욕실 욕조에서 물장구치기도 세 번이나 했다. 모레 대구 친할머니 생신 때까지는 계속 밥도 잘 먹고 무탈해야 할 텐데. 지독한 무더위 속에서도 그동안 감기 한번 안 걸리고 튼튼하게 자라줘서 고맙다. 가끔 밥을 잘 안 먹으려고 해서 그게 좀 탈이지만.

요즘은 재영이를 재울 때 그네를 주로 이용한다. 놀이터에서 실컷 놀고 목욕까지 하여 노곤해진 녀석을 그네에 앉힌 다음 두 발을 양손으로 잡고 밀었다 당겼다 하며 〈섬집 아기〉와 〈엄마야 누나야〉를 나지막하게 불러주면 금방 깜박깜박 존다. 녀석과 얘기를 나누는 것처럼 눈을 마주 보며 나지막하게 속삭이듯 노래하면 녀석은 노랫말을 하나라도 알아들으려고 내 입과 눈을 빤히 쳐다본다. 그네도 두 발을 붙잡은 채 살살 밀었다 당겼다 하는 편이 아이에게 안정감과 포근한 느낌을 주고, 녀석의 엉덩이를 그네 앞쪽으로 약간 당겨 등받이에 머리를 기대게 만들어야 졸음이 더 빨리 밀려온다. 아이의 눈꺼풀이 무거워져 더 이상 치켜 올리기 힘들어 보일 때, 얼른 그네에서 내려 소파로 안고 간다. 녀석을 가슴에 품고 소파에 기대앉아 〈달맞이꽃〉을 다 부를 때쯤이면 이미 꿈나라로 깊숙이 여행을 떠난 뒤다. 그래도 안방에 깔아놓은 요 위에 살며시 눕힐 때까지 혹시 깨어날지 모르니까 허밍은 계속해야 한다. 그런 다음 선풍기 바람을 멀리서 살살 보내주면 시원해서 두어 시간은 아주 달게 잔다. 나중에 잠에서 깨어났을 때 외롭지 않도록 코코몽과 곰 인형을 옆에 놓아두는 것도 잊어서는 안 된다.

8월 12일 일요일

대구 친할머니 생신에 다녀온 재영이가 사촌 형이 가지고 놀던 장난감을 한 보따리 얻어 돌아왔다. 각종 공룡들의 모형과 플라스틱 자동차 등인데, 재영이는 플라스틱 자동차 운전석에 앉아 핸들을 신나게 돌리며 도무지 내리려고 하지를 않았다. 놀이터에서 잠깐씩 빌려 타곤 했던 자동차와 비슷하게 생겼지만 더 단단하게 잘 만들어진 것이었다. 당분간은 이 자동차에 매료되어 다른 장난감들은 홀대를 받을 것 같다.

힘들고 귀찮은 일이 많아도 딸 내외가 예쁘게 살아줘서 참을 만하다는 집사람은 모처럼 사위한테 따뜻한 저녁밥을 지어 먹이며 흐뭇해했다. 아이들이 돌아간 뒤 대구 바깥사돈한테서 전화가 왔는데, 재영이를 예쁘게 잘 키워줘서 고맙다고 말했다. 손자를 오랜만에 한 번씩 만나니 낯을 가리는 바람에 제대로 안아보지도 못했다고도 했다. 명절이나 생일이 되어야 한 번씩 내려왔다가 금방 올라가버리니, 손자와 살갑게 지낼 겨를도 없는 것에 대한 아쉬움이 말끝마다 배어났다. 아직 말도 못하는 어린것이라 좀 더 자라면 괜찮아질 거라고 위로하면서도 어쩐지 마음이 좀 짠했다.

8월 13일 월요일

"하찌 해봐." 하면 곧잘 따라 하면서도 "함매 해봐." 하면 미음 받침을 발음하기 어려운지 입을 꼭 다물고만 있던 녀석이, 놀이터에 가자며 바지를 입히니까 얼굴을 바짝 들이대며 "함매, 함매." 하더라며 집사람은 배꼽을 잡고 웃었다. 지금 누구한테 잘 보여야 하는지를 아이들은 본능적으로 알아차린다. 재영이를 보면 순위가 정확히 매겨져 있음을 알 수가 있다. 내가 놀이터에 아무리 열심히 데리고 나가도, 집사람이 아무리 맛있는 음식을 만들어 먹여도, 제 아빠나 엄마가 나타나는 순간 우리는 식은 밥 처지가 되고 만다. 아빠 품에 안긴 녀석한테 놀이터에 가자고 아무리 꼬여도 어림없고, 맛있는 거 먹자고 아무리 유혹해도 소용없다. 엄마가 주위에 있으면 쉴 새 없이 칭얼대지만, 아무도 없고 하찌만 있을 때는 가만히 내버려두어도 저 혼자서 잘만 논다. 하찌는 칭얼댈 대상이 아니라는 걸 아는 것이다. 아이의 창의력을 증진시키기 위해서는 가끔 그렇게 혼자 놀도록 내버려두는 것도 좋다. 거실에서 저 혼자 놀 때 몰래 살펴보면 동화책도 뒤적이고, 공도 굴리고, 레고도 쌓으면서 나름대로 열심히 머리를 쓴다. 요 며칠 새에는 숫자를 가르쳤더니 아파트 5단지 내에 적힌 5자만 보면 "오!" 하고 손가락으로 가리키며 소리친다. 웬만한 발음은 다 따라 하는데 'ㄹ'과 'ㅅ' 'ㅠ' 발음이 아직 잘 안 되고 있다.

8월 14일 화요일

재영이를 놀이터에 데리고 나가 축구공을 줬더니 발로 차지 않고 두 손으로 잡아 앞으로 던지기만 했다. 한쪽에 있는 농구 골대에서 형들이 하는 걸 보고 따라 하는 듯했다. 어찌나 신명나게 공을 던지는지 지칠까 봐 걱정될 정도였다. 휴대폰 동영상으로 찍어 딸한테 보냈더니 금방 답신이 들어왔다. "ㅋㅋㅋ 공 좋아해서 다행~!! 아빠 더운데 고마워요.^^" 요즘 애들은 문자만 보내면 왜 꼭 'ㅋㅋㅋ'로 시작하는지 모르겠다.

아범은 일이 있어서 딸아이가 퇴근길에 재영이를 데리러 왔다. 엄마가 차려주는 밥 먹고, 국경일인 내일 집에서 쉬며 재영이한테 먹일 음식까지 챙겨 들고 몸만 쏙 빠져나가는 딸을 두고 집사람은 "에그, 복도 많은 년." 하며 웃었다. 그런 복 많은 딸을 둔 어미도 복 많은 사람이라고 내가 말해주었다. 고만한 딸 두기도 그리 쉽지 않다. 크게 속 썩인 일 없이 잘 자라주었고, 착실하게 공부해서 좋은 대학 나오자마자 취직했고, 착하고 유능한 남자 만나 결혼했고, 예쁜 아들까지 낳고 알콩달콩 살아줘서 고마울 따름이다. 그런 딸한테 애프터서비스 좀 하는 건 그다지 아까울 것도 없다. 즐거운 마음으로 해야지 뭐.

8월 15일 수요일

광복절이라 재영이도 데려가고 없는데 모처럼 극장에 가서 영화 〈도둑들〉이나 관람한 뒤 냉면이나 한 그릇씩 먹고 오자고 집사람과 얘기하고 있는데 딸아이한테서 전화가 왔다. 영화 〈도둑들〉이 관람객 1천만 돌파를 눈앞에 두고 있다는데 보고 싶지 않느냐고 했다. 안 그래도 방금 네 엄마랑 그 얘기를 하고 있는 중이라고 했더니, 재영이를 외갓집에 맡겨놓고 자기들이 먼저 관람한 뒤 엄마 아빠 표를 예매해오겠다고 했다.

그렇게 해서 보게 된 〈도둑들〉은 상당히 잘 만들어진 영화였다. 스토리는 흔히 볼 수 있는 그런 내용이었지만 배우들의 액션과 연기가 나무랄 데 없이 훌륭했다. 그런데 영화 관람이 끝나고 저녁 식사로 먹은 비빔냉면은 그다지 맛이 없었다. 그동안 저녁을 때우기 위해 너무 자주 먹은 탓이었다. 식사를 마치고 나오니 비가 내리던 하늘엔 흰 구름만 둥둥 떠가고 개천엔 불어난 황토물이 거세게 흘러내렸다. 방송에서 심각하게 떠들어대던 녹조도 이젠 다 씻겨 내려갔겠지. 온 세상이 깨끗하게 씻긴 듯하여 내 마음까지 다 개운한 느낌이었다.

8월 16일 목요일

목욕을 마친 재영이가 타월을 몸에 감고 내 방으로 아장아장 걸어 들어왔다. 목욕을 하고 들어오면 예뻐하는 줄 아니까 으레 내 방으로 들어오는 게 절차가 되다시피 했다. 목욕 도중 물이 들어갔는지 손가락으로 콧구멍을 한번 쑤시고 귓구멍도 한번 쑤시며 뭐라고 좋알대고 있는데, 몸에 감은 타월이 풀리며 스르르 내려가더니 쬐끄만 고추가 쏙 나왔다. 아이고, 망측해. 재영이 고추가 쏙 나왔네, 하며 껄껄 웃고 있는데 외할머니가 얼른 기저귀를 가져와서 채워주었다. 휴대폰 동영상으로 찍은 것을 딸아이한테 보내줬더니 "ㅋㅋㅋ 너무 야해요."라는 문자가 날아왔다. 딸아이는 나중에 사무실 사람들한테도 "야한 거 보여줄까?" 하며 한바탕들 웃었다고 했다. 이른바 '재영이 야동 사건'이다.

8월 17일 금요일

아버지 기일이라 형제들이 모두 유토피아 추모관에 모였다. 재영이는 낯을 가려 외할머니한테서 잠시도 떨어지려 하지 않았다. 추모를 마치고 음식점으로 가서 함께 식사하는 자리에서 손자 육아 문제가 자연히 화제에 올랐다. 형님 내외는 이미 두 손자를 다 키워낸 상태이고, 우리는 재영이를 맡아 돌보기 시작한 지 이제 7개월째다. 아래 두 동생들은 우리 내외가 손자 키우느라 애먹는 걸 보고 자기들은 아예 그럴 생각이 없다고들 했다. 죽이 되든 밥이 되든 제가 낳은 새끼는 제가 키우도록 하겠다는 얘기였다.

결혼한 자녀들의 육아 문제를 떠맡지 않고 노년을 한가롭게 보내는 것도 좋겠지만, 좀 힘들고 성가시더라도 딸아이와 사위가 마음 놓고 회사 일에 열중할 수 있다면 그것도 보람 있는 일이 아닐까? 그리고 손자 돌보는 일이 노상 힘만 드는 것은 아니다. 그 속에는 이 세상 무엇과도 바꿀 수 없는 소중하고 즐거운 일들이 있다. 시골에서 꽃이나 채소를 가꾸며 사는 것도 즐겁겠지만 그건 자신만을 위한 일이고, 손주를 돌보는 일은 자신과 자식들과 손주를 모두 위하는 일이다. 힘은 좀 들지만 기쁨과 보람도 적지 않다. 특히 요즘은 아무나 다 누릴 수 있는 즐거움도 아니니, 한가로운 전원생활과 바꿀 마음이 나는 도무지 없다.

8월 20일 월요일

재영이가 노는 모습을 휴대폰으로 찍은 동영상이 열 편쯤 되는데, 녀석이 밥을 안 먹을 때 하나씩 틀어주면 거기에 정신이 팔려 저항할 생각도 못하고 밥을 받아먹는다. 먹기 싫어서 숟가락을 뿌리치는 녀석의 손을 잡아 휴대폰 단추들을 누르게 하면, 그 일련의 동작과 동영상에 마음을 빼앗겨 자기도 모르게 입을 딱딱 벌린다. 여러 차례 그런 식으로 밥을 먹여봤는데 한 번도 실패한 적이 없었다. 동영상 내용이래야 녀석이 놀이터에서 공을 가지고 노는 모습이나, 벤치 위를 아슬아슬하게 걸어가는 모습, 욕조 안에서 물장구를 치는 모습, 목욕하고 나와 고추를 달랑거리며 도망치는 장면, 동물 이름이나 글자를 큰 소리로 익히는 모습 등이 고작이다. 하지만 녀석은 동영상 속에서 놀고 있는 자기 모습이 재미있는지 배실배실 웃으며 도무지 싫증내는 법이 없다. 이 약발이 언제까지 먹힐지는 잘 모르겠지만, 오래 가도록 하려면 레퍼토리를 계속 개발해야 할 것 같다. 나중에 어떤 후유증이 있을지 모르지만 우선은 녀석한테 밥을 먹이는 게 더 중요한 일이니까.

8월 21일 화요일

비가 그칠 기미가 보여 우산을 챙겨들고 재영이를 뽀로로 자전거에 태워 아파트를 나섰다. 놀이터 농구대 아래에는 물이 흥건하게 고여 있었지만 놀이기구들이 있는 스펀지 바닥에는 물기가 없었다. 휴지로 그네의 물기를 닦아내고 재영이를 앉혔다. 쇠사슬로 된 그네 줄을 어찌나 꼭 쥐는지 손이 아플 것 같아 10분 이상은 태울 수가 없었다. 그네에서 내려준 다음 스펀지 바닥에서 공놀이를 하게 했다. 전번엔 신나게 공을 던지고 놀더니 오늘은 좀 심드렁했다. 자전거에 다시 태우고 근처 개울로 내려갔다. 폭우로 불어난 시뻘건 물이 요란한 소리를 내며 거세게 흘러갔다. 그런 광경을 처음 본 재영이는 멍한 표정으로 바라보았다. 개천을 따라 난 자전거도로를 걷게 했더니 신이 나서 뭐라고 쉴 새 없이 종알거렸다. 그러는 사이에 두 시간이 금방 지나가버렸다. 녀석을 데리고 아파트로 돌아와 욕실에다 집어넣었다. 플라스틱 그릇에 물을 받아 집어넣어 주었더니 물장구를 치며 신나게 놀았다. 몸에 비누칠을 하고 땀을 씻어낸 다음 깨끗한 물로 갈아주었다. 어른이 안 보면 재빨리 컵으로 물을 퍼마신다는 걸 알고 있기 때문이다. 그렇게 서너 시간을 내처 놀아 지쳤을 법도 하건만, 녀석을 재우려고 방 문틀에 매단 그네에 앉힌 다음 노래를 대여섯 가지나 불러줬는데도 새까만 눈알을 반짝이며 생글생글 웃기만 했다. 그래, 어디 한 번 실컷 놀아 봐라. 그러다 이제 저녁밥 먹이려고 하면 깜박깜박 졸겠지?

8월 23일 목요일

아빠가 퇴근해서 데리러 올 시각이 되면 재영이는 현관문으로 가서 유리를 통해 내다보며 칭얼거리곤 한다. 그러다 아빠가 오면 좋아서 방방 뛰며 거실을 내달린다. 달리기는 잘하지만 제동이 잘 안 걸려서 보는 사람이 늘 조마조마하다. 그렇게 내달리다 앞으로 자빠지기도 잘 하는데, 그럴 때마다 어디 부딪칠까 봐 가슴이 오그라든다. 그러더니 오늘 기어이 자빠지며 매트 바닥에 입술을 꽁 찧고 말았다. 모두가 바짝 긴장하여 보고 있는데, 녀석이 울지도 않고 일어났다. 살살 달래며 찧은 자리를 살펴보니 아랫입술과 윗입술이 발그레하게 피멍이 들어 있었다. 터져서 피가 나지는 않았지만 그래도 꽤 쓰라릴 텐데, 울지도 않고 아빠랑 계속 놀자고 했다. 아빠를 만난 기쁨과 흥분이 그만큼 큰 모양이었다. 안타까워 어쩔 줄 모르는 아범에게 오늘 저녁은 재영이한테 짜거나 신 음식은 주지 말라고 당부했다. 입술이 더 쓰리게 될지 모르니까. 녀석을 아범과 함께 보낸 뒤에도 마음이 자꾸 짠해왔다.

8월 24일 금요일

동그라미 그리다가 무심코 그린 얼굴

내 마음 따라 피어나던

하아얀 그때 꿈을

풀잎에 연 이슬처럼 빛나던 눈동자

동그랗게 동그랗게 맴돌다 가는 얼굴

- <얼굴>, 심봉석 작사

이 노래를 나지막하게 흥얼거리거나 허밍하면 어린 시절 배꼽마당에서 함께 뛰놀던 동무들 얼굴이 하나하나 차례로 떠오른다. 햇볕에 까맣게 그은 얼굴과 상체를 드러낸 채 반바지 하나만 꿰차고 산으로 들로 강으로 망아지처럼 쏘다니던 그 시절의 시골 아이들. 지금은 다들 어디서 무얼 하며 살고 있을까? 그런 생각들을 하며 추억에 잠겨 흥얼거리는 사이에 우리 재영이는 새끈새끈 잠이 든다. 아기 잠재우는 데도 아주 효과가 큰 포근하고 아늑한 노래다.

8월 26일 일요일

모처럼 부부만 남은 한가한 일요일인데도 아내는 한가하지가 않았다. 시장에서 과일이랑 채소, 음식 재료 등을 잔뜩 사다 놓고 다음 한 주 동안 재영이가 먹을 음식과 딸아이와 사위 먹일 반찬 따위를 만드느라 하루 종일 바빴다. 점심시간이 되어 시장에서 사온 소 등심을 구워 먹었는데, 맛이 좋으니까 사위한테도 먹이고 싶은 생각이 난 모양이었다. 딸한테 전화를 하더니 남편 데리고 와서 친정에서 저녁 먹으라고 했다. 딸은 또 엄마가 모처럼 쉬는데 번거롭게 하고 싶지 않다며 사양했다. 자기들은 백화점에서 맛있는 거 사먹을 테니 엄마 아빠나 맛있게 드세요, 한 모양이었다. 장모는 사위 먹이고 싶어 안달이고, 딸은 엄마 고생 덜 시키려고 사양하는 모습이 정말 눈물겹게 감동적이었다. 오늘 사위한테 고기 못 먹인다고 내일 모레까지도 안 먹일 집사람이 아니었다. 아무리 늦어도 다음 주 중에는 사위한테 등심을 구워 먹일 것임을 나는 알고 있다. 그래도 서로 권하고 사양하고 하는 그 마음 씀씀이가 얼마나 기특한가. 더도 덜도 말고 계속 그렇게만 하라고 유언장이라도 남겨야 할까 보다.

8월 27일 월요일

돌 잔칫날 감기 몸살 바람에 돌떡을 못 먹어 그런지, 재영이가 걸핏하면 넘어져 어른들 마음을 아찔하게 만든다. 이젠 이빨까지 나서 넘어지면 입술이 터지기도 한다. 며칠 전에도 매트리스 바닥에 입술을 찧어 아래위로 모두 피멍이 들더니 오늘 또 앞으로 자빠지며 아랫입술을 꽁 찧었다. 파랗게 질려 넘어가는 아이를 얼른 안아 올려 달래주었지만, 얼마나 아픈지 울음이 길게 이어졌다. 눈앞에서 팔짝팔짝 뛰다가 순식간에 엎어지니 손 쓸 겨를도 없다. 울음이 그친 뒤 입술을 살펴보니 앞니에 찍혀 피가 약간 나오다 멎었다. 그러면서 큰다고는 하지만 녀석이 한 번씩 그럴 때마다 어른들은 가슴이 바짝 졸아드는 느낌이다. 아침에는 태풍 '볼라벤' 때문에 재영이를 못 데려갈 것 같다고 했던 아범이 저녁이 되자 태풍이 지나가서 괜찮을 것 같아 들렀다고 하며 들어왔다. 재영이가 좋아라 날뛰는 것을 보니 좀 안심이 되었다.

8월 29일 수요일

아내는 매일 아침 6시에 일어나 수영을 하러 간다. 20년 가까이 해온 수영은 이제 아내의 신앙이 되다시피 했다. 나도 같은 시각에 일어나 맨손체조를 하고, 면도를 하고, 샤워를 한다. 책상 앞에 앉아 일을 하고 있으면 8시쯤 전화가 걸려온다. 아범이 출근길에 재영이를 데려왔다는 신호다. 아파트 주차장으로 내려가서 아이의 컨디션을 체크한다. 전날 저녁밥은 잘 먹었나? 잠은 잘 잤나? 똥은 언제 쌌나? 아침에 우유는 몇 시에 먹었나?

아파트로 안고 들어오면 안방에 미리 깔아놓은 녀석의 잠자리에는 원숭이 인형 코코몽이 기다리고 있다. 잠자리에 뉘어주면 녀석은 웃는 얼굴로 코코몽을 끌어안고 뒹군다. 그러다 모자라는 잠을 더 자든지, 혼자 놀든지 마음대로 하게 내버려두고 나는 부엌으로 간다. 누룽지와 밥과 콩가루가 담긴 냄비에 물을 붓고 가스레인지 위에 올린 다음 불을 약하게 조절해둔다. 너무 세게 하면 죽이 끓어 넘칠 수가 있다. 아내가 수영을 마치고 돌아오는 8시 반쯤에는 고소한 누룽지 콩죽이 완성된다. 재영이가 먹을 죽과 우리 부부가 먹을 죽을 내가 그릇에 퍼 담는 사이에 아내는 반찬들을 식탁 위에 차려놓는다. 다행히도 재영이가 잠들어 있다면 우리 부부는 아주 평화로운 아침 식사를 즐길 수 있다. 식사 속도는 내가 항상 빠르기 때문에, 디저트로 과일을 깎아 내는 일과 커피를 끓여 올리는 일은 매번 내 몫이 된다. 식사를 마친 뒤 빈 그릇들을 싱크대에 옮기는 일, 먹고 남은 음식 쓰레기를 버리는 일, 식탁을 행주로 깨끗이 닦는 일도 대개는 내 차지다. 그렇지만 설거지는 꼭 집사람이 하는데, 내가 깨끗이 할 줄 몰라서 그러는 게 아니고, 아내 성격상 자기 손으로 안 하면 찝찝한 기분을 한참 동안 떨치지 못하기 때문이다. 하지만 재영이가 깨어 있는 상태에서는 이 모든 절차들이 뒤죽박죽되고 만다. 우리가 조용히 식사하도록 가만히 내버려두지 않을 뿐만 아니라, 그때는 녀석한테 밥 먹이는 일이 지상 과제가 되기 때문이다.

9월 1일 토요일

동구 밖 과수원 길 아카시아 꽃이 활짝 폈네

하얀 꽃 이파리 눈송이처럼 날리네

향긋한 꽃 냄새가 실바람 타고 솔솔

둘이서 말이 없네 얼굴 마주 보며 생긋

아카시아 꽃 하얗게 핀 먼 옛날의 과수원 길

- 〈과수원 길〉, 박화목 작사

아카시아 꽃을 씹으면 향긋하면서도 달착지근하다. 요즘은 공기가 오염되어 함부로 먹을 수도 없지만, 우리 어린 시절에는 아카시아 꽃이 가끔 아이들의 허기진 배를 달래주기도 했다. 뒷맛이 약간 떫고 씁쓸한 진달래꽃보다는 달콤하고 아삭아삭하는 아카시아 꽃이 훨씬 더 먹음직했던 것이다. 그리고 웬만큼 많이 먹어도 배탈이 나지 않았다. 아카시아 꽃으로 허기를 달래던 아이들 중 하나였던 내가 어느덧 할아버지가 되어, 아무리 맛있는 음식을 만들어 디밀어도 도리질만 쳐대는 외손자 녀석을 재우려고 어릴 적 아카시아 꽃을 씹던 마음으로 가끔 저 노래를 허밍하고 있다.

9월 3일 월요일

재영이는 비행기 타고 제주도에 갔다. 엄마 아빠가 휴가를 얻어 제주도로 놀러 가는 바람에 생후 17개월밖에 안 된 재영이가 생전 처음 비행기를 타보게 된 것이다. 녀석은 아마 비행기 타는 일보다 엄마 아빠랑 일주일 동안 같이 있게 된 것이 더 좋을 게다. 덕분에 우리 부부도 모처럼 해방되었는데, 어디 갈까 궁리해봐도 막상 가고 싶은 곳이 없었다. 전국적으로 비가 올 거라는 기상예보도 있었고, 시기적으로도 어디 놀러 가기가 좀 어중간했다. 그래서 둘이 궁리한 것이 고작 문막 큰집에나 다녀오자는 것이었다. 형님 댁이 가기가 제일 쉽고 몸도 마음도 가장 편한 곳이다. 이젠 나이가 들어 그런지 보따리 싸들고 낯선 지방 찾아 헤매기도 번거롭고 귀찮은데다 객지에서의 잠자리도 편치 않아 매번 마음만 간절하지 몸이 잘 따라주지 않는다.

동작이 전보다 훨씬 다양해졌다.
숫자와 글자 읽는데도 재미를 붙인 듯하다.

9월 8일 토요일

엄마 아빠랑 휴가를 다녀온 재영이가 감기에 걸려 말간 콧물을 졸졸 흘렸다. 아범이 제 탓이오 하며 고개를 빼고 있는 걸 보고 장모는 걱정할 것 없다며 안심시켰다. 내가 '코찔찔이'라고 놀려도 재영이는 이제 오만상을 찌푸리지 않았다. 콧물이 나거나 말거나 음악을 틀어주자 신나게 춤을 추며 거실을 뺑뺑 돌았는데, 팔다리 흔드는 거나 머리를 흔드는 동작이 전보다 훨씬 다양해졌다. 일주일 동안 엄마 아빠하고만 있어서 하찌와 함매한테는 선뜻 오려고 하지 않더니, 엄마 아빠가 외출하고 나자 다시 그전 상태로 돌아갔다. 피곤한 것 같아 그네에 태워 노래를 서너 곡 불러주자 금방 잠들었다. 그런데 요 위에 눕히려고 안아 올렸더니 기저귀에서 시큼한 냄새가 났다. 살짝 들춰보니 아이고 맙소사! 똥을 싼 채 잠들었다. 함매를 불러 엉덩이를 닦아내고 기저귀를 갈아 채워도 녀석은 세상모르고 쿨쿨 잠만 잤다. 그동안 노느라 너무 피곤했던 모양이었다.

9월 11일 화요일

재영이는 요즘 숫자와 글자를 읽히는데 재미를 붙인 듯하다. 거실 벽에 붙여놓은 문자표를 보며 혼자서도 큰 소리로 읽어대곤 한다. 그런데 1과 7이 비슷해 보이는지 구분을 못하고 '치'라고 읽는다. 2와 3도 그렇다. 2는 똑똑하게 '이' 하고 읽는데, 3은 '삼'이란 발음이 잘 안 되는지 자꾸만 '이'라고 읽거나 아예 입을 다물어버린다. 6과 9도 자꾸만 헷갈리는지 둘 다 '구'라고 읽는다. 8은 '파'라고 읽는데, 'ㄹ' 받침 발음이 아직 안 되기 때문이다. 재영이가 가장 좋아하는 숫자는 5다. 외갓집 아파트가 5단지라 도처에 5자가 찍혀 있어 볼 때마다 '오!' 하고 소리친다. 그 다음으로 좋아하는 숫자는 4 같다. 다른 숫자들과 비슷하게 생기지 않아 구분하기가 쉽기 때문인 듯하다. '가나다라'와 '아야어여'도 열심히 따라 하고 있는데, 다른 글자는 다 발음이 제대로 되지만 '라'가 안 되고 있다. 그런데 '어'와 '으'가 잘 구분되지 않는 것은 재영이 탓이 아니라, 집사람이나 나나 모두 경상도 사람이라 제대로 가르칠 수가 없기 때문이다. 그 부분은 별 수 없이 제 엄마한테 배우라고 해야지 뭐. 함매나 하찌는 '보리 문둥이'라도 제 엄마는 '서울내기 다마내기 맛 존 고래고기'니까.

9월 13일 목요일

부부가 만년에 손발 마음 잘 맞춰가며 여생을 사는 것은 지금까지 살아온 삶 못지않게 중요한 일이다. 왕년에 제아무리 "내가 젤 잘 나가!" 하며 큰소리쳤던 사람도 만년에 아내와 너무 일찍 사별하거나, 황혼 이혼을 당하거나, 처자식과 불화한다면 인생을 잘 살았다고 말하기 어렵다. 그래서 마누라 스트레스 받아 일찍 돌아가시지 않게 하려고, 인생 황혼기에 이혼당하지 않으려고, 처자식과 사이좋게 지내려고 날마다 전전긍긍하다 보니, 내가 애처가인지 공처가인지 기처가인지 구분할 수도 없는 지경에 이르렀다. 집사람한테 하소연하며 동정이라도 좀 받아볼까 했더니 "그러면 나는?" 하는 반박이 돌아왔다. 자기도 나와 결혼해서 이날 이때까지 남편 눈치 보느라, 남편보다 더 무서운 딸년 비위 맞추느라 자기 자신을 한번도 내세워본 적이 없다는 주장이었다. 그 딸이 시집가서 아들까지 낳은 지금 이 시간까지도 이러고 있는 걸 당신 눈으로 보고 있지 않느냐는 것이었다. 내가 할 말이 딱 없었다.

9월 14일 금요일

"욘석이 내 전화번호부를 얻다 감춘 거야?" 집사람은 어제저녁부터 찾던 전화번호부를 오늘 아침에도 찾아다니며 중얼거린다. 재영이가 요즘은 무엇이든 자꾸 감추는 버릇이 생겼다고 했다. 함매 돋보기를 장롱 밑으로 밀어 넣기도 하고, 읽던 책이나 장난감을 소파 밑으로 밀어 넣는 식이다. 어젯밤에는 대구 언니한테 전화하려고 전화번호부를 아무리 찾아도 없더라고 했다. 그래서 오늘 아침부터 찾아다니더니 마침내 텔레비전 뒤에 세워져 있는 전화번호부를 찾아내곤 깔깔 웃었다. 재영이는 요즘 함매와 보물찾기 놀이를 하고 있다. 대구 처형이랑 두어 시간 수다를 떨고 나서 입 근육이 어지간히 풀렸는지 집사람은 옷장 앞에 앉아 재영이의 옷들을 수북하게 쌓아놓고 정리하기 시작했다. 옷장 서랍 안에 들어 있던 우리 옷들은 하나둘 어디론가 밀려나고 어느새 늘어난 재영이의 옷들이 그 자리를 모두 차지하고 있었다. 재영이 동생 재숙이가 태어나면 아이들 옷이 옷장을 다 차지하게 생겼다며 투덜대는 아내한테 나는 살림 늘어나서 좋겠다고 옆에서 한마디 거들었다가 염장 지르지 말라는 소리만 들었다.

9월 18일 화요일

오늘은 옥수수 삶는 날. 식구들이 모두 옥수수를 좋아해서 해마다 이맘때면 한 해 먹을 옥수수를 한꺼번에 삶아 냉동실에 넣어두고 내년 봄까지 먹는다. 사위와 딸아이는 이따금 삶은 옥수수로 끼니를 때우고 출근하기 때문에, 올해는 100개를 더 늘여 300개를 삶았다고 집사람은 말했다. 옥수수 자루를 끙끙대며 들고 온 택배 직원이 집사람한테 옥수수 장사를 하느냐고 투덜대더라고 했다.

퇴근길에 재영이를 데리러 온 사위가 희희낙락하며 삶은 옥수수로 저녁을 때웠다. 사위가 가장 좋아하는 음식이 옥수수와 호박, 배추 겉절이다 보니, 이 세 가지 음식은 걸핏하면 식탁에 뛰어올라 오는 삼총사가 되어버렸다. 옥수수로 배를 채운 사위가 재영이를 안고 나서자 나는 삶은 옥수수가 가득 담긴 바구니를 들고 따라나섰다. 사위 자동차에 실어주기 위해서다. 옥수수는 냉동실에 저장해두고 먹기 좋도록 비닐봉투에 대여섯 개씩 포장되어 있다. 올 겨울 내내 일용할 양식인 셈이다. 사위는 먹을 것을 이렇게 일일이 챙겨주는 장모가 있어 복도 참 많다. 나는 우리 장모님 얼굴도 못 뵈었다. 내가 장가가기도 전에 돌아가셨기 때문이다. 엄마도 내가 여덟 살 때 돌아가셨다. 가까운 이모나 숙모도 없다. '어미 모(母)' 자와 나는 인연이 멀다. 그래서 모성애를 느껴볼 기회가 거의 없었고, 그래서 이 나이가 되어서도 엄마에 대한 그리움은 더 깊고 짙다.

9월 20일 목요일

재영이는 엄마 생각이 나거나 잠투정을 할 때는 외할머니 품으로 파고들어 한 손을 젖가슴 속으로 쑥 집어넣는 버릇이 있다. 너무 자주 그래서 집사람의 셔츠는 모두 목 부분이 축 늘어져 옳은 것이 하나도 없을 지경이다. 처음 한두 번은 못 그러게 녀석의 손을 빼내며 달래보았지만, 그 버릇은 좀체 고쳐지지 않았다. 엄마가 매일 회사에 출근하고, 퇴근도 늦어서 엄마 사랑이 모자라 그러나 보다며 집사람은 측은하게 여겨 웬만하면 그냥 내버려두었다.

저녁에 아범이 재영이를 데려간 후 한가한 시간에 이번엔 내가 집사람의 가슴 속에 슬쩍 손을 집어넣어 봤더니 펄쩍 뛰며 망측하다고 소리쳤다. 그래서 내가 "아니, 외간 남자(?)가 손을 집어넣을 땐 가만히 있더니, 남편이 손을 넣으니까 망측하다며 펄쩍 뛰어?"라고 했더니, 집사람이 대뜸 받아서 한다는 소리가 "그게 이상해? 정상 아닌가?" 해서 둘은 한바탕 폭소를 터트렸다. 재영이 덕분에 웃을 일이 많아서 참 좋다. 우리 둘이만 집에 들어앉아 있으면 웃을 일이 뭐가 그리 많겠는가.

9월 25일 화요일

오늘은 재영이 독감 예방주사 맞는 날. 항상 어른들 품에 안겨 엘리베이터를 타고 올라가다가 오늘은 운동화를 신고 제 발로 걸어 엘리베이터를 타니 너무 신기하고 신나는 모양이었다. 엘리베이터에서 내린 뒤에도 뭐라고 쫑알거리며 씩씩하게 병원 문 안으로 걸어 들어간 녀석이 갑자기 이상한 분위기를 느꼈는지 걸음을 딱 멈추더니 살금살금 뒷걸음질을 치기 시작했다. 과거의 아팠던 기억을 떠올렸나? 함매가 품에 안고 살살 달래자 녀석은 딱 달라붙어서 조용해졌다. 쉴 새 없이 쫑알대던 그 입을 꼭 다물고 금방이라도 울음을 터트릴 것 같던 녀석은 예상 외로 의사한테 주사를 맞으면서도 울지 않았다. 너무 겁을 집어먹어 주삿바늘이 들어가는 것도 느끼지 못했는지, 아니면 아빠 대학 동창이라는 여자 의사 앞에서 우는 것은 자존심 상할 일이라고 생각했는지 그건 재영이 혼자만 안다. 그래도 바늘에 찔릴 때는 꽤 아팠을 텐데. 아이고.
어제는 아빠 엄마가 모두 야근이라 재영이는 외갓집에서 잤다. 그래서 그런지 오늘 녀석이 이따금씩 '아빠, 엄마, 왜 안 오나아아?' 하고 찾는 소리가 더 짠하게 들렸다.

9월 27일 목요일

재영이가 이발을 했다. 지난번에 이발할 때는 울며 바둥거리는 통에 미용사가 가위질을 제대로 할 수 없을 지경이었는데, 이번에는 웬일인지 울지도 않고 얌전하게 있더라고 했다. 그래서 머리도 훨씬 더 예쁘게 다듬고 왔다. 비록 블루컬러에서 천 원을 할인한 오천 원을 주고 깎은 머리지만 인물이 훤해졌다. 어제는 독감 예방주사를 맞으면서도 울지 않더니, 오늘은 이발을 하면서도 울지 않는 걸 보면 우리 재영이 이제 다 컸다고 집사람은 입에 침이 마르도록 칭찬했다. 그런데 아직도 밥 먹는 것은 영 마음에 안 든다고 했다. 밥을 내뱉는다고 야단을 쳤더니 이젠 입에 물고 씹지도 삼키지도 않고 가만히 있는 것이다. 밥만 잘 먹으면 좋겠는데, 밥만 잘 먹으면 나무랄 데가 없는 아인데, 밥만 잘 먹으면 힘이 절반도 안 들겠는데, 하며 애간장을 태우느라 함매는 오늘도 팍팍 늙는다. 오죽하면 "재영아, 밥 잘 먹으면 장가 보내줄게."라는 절박한 농담까지 나왔을까?

10월 1일 월요일

추석이라고 재영이는 대구 친할아버지 할머니 댁에 다녀왔다. 이번에는 할머니가 덥석 안아도 지난번처럼 새파랗게 질려 울지는 않더라고 했다. 처음에는 좀 바동거리며 저항했지만 곧 순하게 적응하며 친할아버지 품에도 척 안기더란다. 그것만 봐도 재영이가 많이 컸고 의젓해졌다는 걸 알 수 있다.

오후에는 재영이를 데리고 온 식구가 근처 공원 놀이터로 소풍을 나갔다. 조용한 곳에 돗자리를 깔고 삶은 밤과 땅콩, 알맞게 굳은 송편을 먹으며 얘기를 나누었다. 재영이는 모처럼 엄마 아빠와 하찌, 함매가 다 함께 놀아주니까 신이 나서 지치는 줄도 모르고 뛰어다녔다. 한 시간 반쯤 놀다가 집에 돌아와서는 김치를 넣고 끓인 국수를 한 그릇씩 먹었다. 밤, 땅콩, 송편 등을 먹은 불편한 속을 달래는 데는 김치 넣고 끓인 국수가 아주 제격이다. 속이 금방 편안해진다.

10월 3일 수요일

2012+2333=4345

서기에서 2333을 보태면 단기가 된다고 초등학교에서 배웠던 기억이 난다. 오늘은 단기 4345년 개천절이다. 그리고 하나뿐인 우리 딸의 서른네 번째 생일이기도 하다. 생일 파티를 함께 하자면서 딸과 사위가 케이크를 사들고 찾아왔다. 재영이를 식탁 머리맡에 앉히고 케이크 양초에 불을 붙인 뒤 다 함께 생일 축하 노래를 불렀다. 집사람은 "사랑하는 우리 딸"이라 노래하고, 나는 "사랑하는 재영이 모친"이라 부르고, 사위는 "사랑하는 우리 마누라"라고 불렀다. 모두 박수를 치자 재영이는 좋아라 하며 덩달아 박수를 쳤다. 나는 우리 딸 생일에는 개천절 노래도 함께 불러야 한다며 "우리가 물이라면 새암이 있고, 우리가 나무라면 뿌리가 있다." 하고 한 차례 너스레를 떨었다. 생일 케이크를 잘라 한 조각씩 먹고 나자 딸과 사위는 자기들끼리 기념행사를 한다면서 재영이를 우리한테 맡겨놓고 나갔다. '그래, 젊은 시절 좋은 날들을 노친네하고만 보낼소냐. 다 큰 자식들이 부모한테 생일상 안 차려 준다고 징징대는 것보다야 백 배 낫지.'라고 생각하고 있는데, 집사람이 "지 엄마 힘들까 봐 밖에서 해결하려는 거야."라고 말했다. 그렇다면 우리 딸 효녀 맞네.

10월 4일 목요일

아내가 모임이 있어 외출하는 바람에 재영이와 나만 남았다. 녀석을 뽀로로 자전거에 싣고 아파트 단지 놀이터로 나가 그네를 태워주고 공놀이도 함께 했다. 녀석이 놀이에 심드렁한 것 같아 자전거를 끌고 부근 개천을 따라 상류로 올라갔다. 들국화나 클로버 같은 꽃을 꺾어 손에 쥐여줄 때마다 녀석은 좋아하며 생끗 웃었지만 5분도 안 가 내버리곤 했다. 자전거도로 위에 내려놓자 그제야 신이 나서 마구 내달렸다. 상류 위쪽에 있는 아파트 놀이터에서도 한참 놀았으니 지칠 만도 하건만 녀석은 눈을 반짝이며 더 놀고 싶어했다. 집에 데려와 목욕을 시킨 후 그네에 태워서 재우려고 자장가와 동요를 열 곡도 더 불렀는데 계속 생글거리며 웃는 바람에 헛수고로 끝났다. 그래서 안방에 깔아놓은 요 위에다 눕히고 코코몽을 품에 안겨주며 자든 놀든 네 맘대로 해라, 하고는 내 방으로 와서 책을 읽고 있는데 10분이 지나도록 조용했다. 안방으로 살금살금 다가가서 살펴보니 녀석은 코코몽을 안은 채 색색 자고 있었다. 하찌가 불러준 노래들은 선불로 받고, 잠은 후불로 자기로 했던 모양이다.

10월 5일 금요일

어제 재영이를 태운 뽀로로 자전거를 끌고 다니며 두어 시간 놀았더니 허리가 좀 뻐근했는데, 하룻밤 자고 나니 괜찮은 것 같아 오늘은 녀석과 농구장에서 한 시간 반쯤 공놀이를 했더니 몸살기가 살살 나며 눈이 충혈되었다. 아이고, 이젠 나도 늙긴 늙었나 보다 탄식하며 얼음찜질로 눈을 식히고 한참 동안 드러누워 쉬었다. 누워서 가만히 생각해보니 고장을 일으킨 내 몸의 부품들이 하나둘이 아니었다. 2년 전부터 치질 증상을 보이고 있는 항문, 퇴행성 관절염을 앓고 있는 손가락들, 백내장 수술을 받은 후 걸핏하면 충혈되는 눈, 항상 뻐근하게 아픈 오른쪽 어깨, 걸핏하면 아픈 허리 등이 모두 '너도 이젠 늙었어. 슬슬 준비해.' 하며 암시를 던지고 있었다. 지금까지 지내온 삶에 대해 유감이나 미련 같은 것은 없다. 떠나는 그날까지 주위의 모든 사람들을 사랑하며 하루하루 즐겁게 살아가면 될 것 같은데, 몸이 여기저기 아프면 그게 말처럼 쉽지만은 않을 것 같아 걱정이다. 그래서 가끔 소노 아야코의 《계로록(戒老錄)》을 들춰보며 비장한 마음이 되곤 한다. 나도 이래야만 하는 게 아닐까 하고.

첫째, 늘 인생의 결재를 해둘 것.
둘째, 푸념하지 말 것.
셋째, 젊음을 시기하지 말고 참된 삶을 살 것.
넷째, 남이 해줄 거라는 기대감은 버릴 것.

다섯째, 쓸데없이 참견하지 말 것.

여섯째, 지난 이야기는 정도껏 할 것.

일곱째, 홀로 서고 혼자 즐기는 습관을 기를 것.

여덟째, 몸이 아프면 가족에게 기대지 말고 전문가를 찾을 것.

10월 10일 수요일

딸아이가 일본 출장을 가는 바람에 재영이는 오늘부터 외갓집에서 자야만 한다. 아침에 아빠 품에서 떨어지기 싫어하며 칭얼대던 녀석이 하루 종일 눈에 밟히더라며 조 서방이 퇴근길에 처가에 들렀다. 전날 장모가 체해서 식사도 제대로 못했던 걸 기억해서 전복죽까지 사들고 왔다. 부자가 한 시간가량 즐겁게 놀다가 조 서방은 재영이 모르게 핫바지 방귀 새듯 슬그머니 빠져나갔다. 보는 앞에서 나가다간 울고불고 난리 날 것 같아서 그랬는데, 결과는 마찬가지였다. 잠시 후 아빠가 안 보이자 녀석은 현관문으로 다가가서 아빠를 찾으며 울기 시작했다. 아침에도 울며 헤어지고, 저녁에는 같이 집에 갈 줄 알았는데 아빠 혼자 가버렸으니 서러울 만도 했다. 천사같이 맑은 눈에서 닭똥 같은 눈물이 뚝뚝 떨어졌다. 재영아, 울지 마. 하찌가 같이 놀아줄게, 하며 달래도 아무 소용이 없었다. 아이고, 딱하기도 하지.

10월 11일 목요일

문막 형님 댁으로 고구마를 실으러 갔다. 아내는 그 마을에서 캔 고구마를 열다섯 상자나 구입했다. 사위도 고구마를 좋아해서 온 식구가 겨우내 먹을 양식으로 주문한 것이었다. 널따란 큰집 잔디밭에 내려놓자 재영이는 좋아라 하며 뛰어다녔다. 하찌랑 같이 공놀이도 하고, 진돗개 강산이를 보며 마냥 즐거워했다. 그런데 큰 외할아버지 외할머니한테 낯을 가려 처음에는 똑바로 쳐다보지도 못하더니, 웬일인지 헤어질 때가 되자 인심 쓰듯 한 번씩 품에 안겼다. 칠순을 넘긴 형님은 지난해 수술 이후 건강을 많이 회복하긴 했지만 꾸부정한 노인이 다 되어 있었다. 그런 몸으로 다음 달에는 미국에 사는 딸을 보러 간다는데, 장거리 여행을 해도 정말 괜찮을지 걱정이 됐다. 조카딸은 미국에서 변호사로 일하고 있는데, 아직 아기가 없어 노부모가 걱정하고 있다. 그동안 몇 차례 임신하려고 애를 썼지만 성공하지 못했다. 이번에 미국으로 건너가면 서너 달쯤 머물며 딸을 잘 보양하여 임신에 성공하도록 보살펴줄 요량이라고 했다. 자식에 대한 부모의 애프터서비스는 하면 할수록 끝없이 늘어나는 것 같다.

10월 12일 금요일

엄마가 출장 간 사흘 동안 잘 놀고 잘 자던 재영이가 오늘 밤에는 아무래도 엄마 아빠 생각이 나서 잠이 안 오는 모양이다. 밤 9시가 넘도록 아빠도 엄마도 자기를 데리러 오지 않자 '아빠, 엄마, 왜 안 오나아아.' 하며 울기 시작했다. 하찌랑 함매랑 그동안 즐겁게 뛰놀면서도 속으로는 줄곧 아빠 엄마만 기다렸던 것 같았다. 이제 겨우 20개월 된 어린것이 오랜 기다림 끝에 절망하여 울음을 터트린 것처럼 느껴져서 마음이 짠했다. 그 어린 마음을 달래주기 위해서라면 무슨 짓이라도 다 할 것 같은 심정이었다. 아범이라도 와서 녀석을 좀 달래주거나 집에 데려가 함께 자면 좋으련만 하필 연이은 야근이었다. 밤늦은 시각에 칭얼대는 녀석을 함매가 토닥이며 재우려고 애쓰는 소리를 듣는 하찌의 잠자리도 도무지 편치가 못했다.

10월 17일 수요일

기온이 갑자기 뚝 떨어져 추운데 바람까지 불었다. 그래도 재영이는 놀이터에 나가야만 한다. 옷을 단단히 입히고 모자까지 씌워 뽀로로 자전거에 태웠다. 단지 내에 놀이터가 네 군데 있는데 날씨가 추워 그런지 아이들이 별로 없었다. 엊그제까지만 해도 그늘만 찾아다니던 아이들이 이젠 양지쪽에서만 모여 놀았다. 재영이도 이젠 제법 다른 아이들과 함께 어울리려고 시도한다. 형이나 누나들이 노는 것을 옆에서 열심히 구경하기도 하고, 가끔 어설프게 끼어들거나 간섭을 하기도 한다. 요즘은 말도 제법 잘 따라 해서 친구들과 어울리면 금방 입이 터질 것 같기도 한데, 숫기가 워낙 없는 녀석이라 늘 망설이는 눈치다. 아파트 단지 내에 있는 어린이집들은 모두 만원이고 대기자들도 있는 형편이라 아직 넣지 못하고 있다. 심심할 때마다 한글과 영어 알파벳을 시키면 곧잘 따라 하더니, 요즘은 그짓도 싫증나는지 살살 꾀를 부리기 시작했다. 억지로 시키면 엉뚱한 소리로 대꾸하거나, 아예 도망쳐서 딴청을 부리곤 했다.

10월 19일 금요일

책이라도 한 페이지 읽으려면 재영이가 살금살금 다가와서 내 손을 잡아당긴다. 같이 놀자는 얘기다. 지칠 줄 모르는 에너지에다 이젠 덩치도 제법 커서 하루 종일 녀석과 씨름하다 보면 집사람도 나도 다 지친다. 집사람은 운동을 안 하면 더 처진다며 매일 아침 수영을 거르지 않고 나가고, 나도 거의 매일 뒷산을 오르내리지만 녀석과 놀이터에서 함께 놀아주려면 힘에 부칠 때가 많다. 녀석의 요구 사항은 갈수록 많아지고 활동량도 늘어날 텐데, 우리 부부는 늙어가며 몸 여기저기가 고장 나고 아프니 걱정이다. 딸아이 내외가 야근이나 특근을 해서 재영이를 우리 집에서 재워야 할 때는 다음 한 주일이 더 길고 힘겨워진다.

요즘은 뒷산에 오르면서도 숨이 차서 중간에 몇 차례나 쉬었다가 올라가야 한다. 가을로 접어들면서 집사람도 나도 관절염이 재발해서 한약을 먹기 시작했더니 조금 나아진 느낌이다. 우리 몸이 건강해야 외손자도 잘 보살필 수가 있을 텐데, 요즘 몸이 안 좋으니 집사람도 짜증이 자꾸 늘어난다. 장단을 맞추려고 나름 애는 쓰고 있지만 나도 불쑥불쑥 짜증이 치받고 올라올 때가 있다. 늙어감에 따라 자꾸만 밀려오는 무력감 때문이다. 마음은 앞서가는데 몸이 이전처럼 말을 듣지 않으니 자포자기가 늘어날 수밖에. 그 뒤를 따라 밀려드는 건 나른한 무력감이다. 나이 예순넷에 벌써부터 이러면 안 되는데.

10월 23일 화요일

거실에다 놓은 플라스틱 미끄럼틀에서 재영이가 굴러떨어졌다. 다행히 바닥에 깔린 두꺼운 매트리스 위에 떨어져 다치진 않았지만, 저도 너무 놀랐는지 새파랗게 질려 넘어가는 소리를 냈다. 집사람도 나도 딸아이도 놀라기는 마찬가지였다. 눈 깜짝할 사이에 벌어진 일이었다.

언젠가는 이런 일이 벌어질지 모른다고 걱정하며 늘 주의를 주던 차였다. 놀이터에서 재영이가 매일 타고 놀던 미끄럼틀에 비하면 거실에 놓인 플라스틱 제품은 훨씬 작고 나지막하고 덜 가파르다. 그래서 그런지 최근 재영이는 거실 미끄럼틀을 만만하게 보고 꼭대기에 올라가 똑바로 서서 건방을 떨곤 했다. 위험하다고 매번 주의를 주고 야단쳐도 듣지 않더니 기어이 굴러떨어지고 만 것이다. 이제 한 번 혼이 났으니 앞으로는 조심하겠지만, 만사를 그렇게 일일이 경험을 통해서 깨달을 요량이라면 몸이 어디 남아나겠는가. 정말 딱한 노릇이 아닐 수 없다.

10월 25일 목요일

나뭇가지에 실처럼 날아든 솜사탕

하얀 눈처럼 희고도 깨끗한 솜사탕

엄마 손잡고 나들이 갈 때 먹어본 솜사탕

훅훅 불면 구멍이 뚫리는 커다란 솜사탕

- 〈솜사탕〉, 정근 작사

재영이한테 들려주는 인기 동요집에 나오는 노래인데, 가만히 듣고 있노라니 우리가 어릴 때 부르던 동요가 생각났다. 거기 나오는 사탕과자는 솜사탕이 아니고 구슬처럼 단단한 알사탕이다. 우린 그걸로 실제 구슬치기도 했다. 실컷 굴리고 놀다가 때가 새까맣게 타면 물로 씻거나 침으로 빨아내고 먹기도 했다. 위생 관념 따윈 아예 없었고, 그런 사탕도 없어서 못 먹을 지경이었다. 그 시절엔 귀한 군것질거리였던 온갖 색깔의 알사탕들이 지금도 눈에 선하다. 요즘 아이들은 너무 안 먹으려고 해서 부모 속을 태우지만, 그 시절 아이들은 집안이 대개 가난해서 알사탕 하나 사먹으려면 엄마 꽁무니를 졸졸 따라다니며 졸라대거나 온갖 약속들을 남발해야만 겨우 먹을 수 있었다. 그래서 노래 가사도 요즘 시각으로 보면 좀 측은하고 가여울 정도지만, 그래도 참 재미있다. 요즘은 어디서도 들을 수 없는 이 노래는 작사 작곡자도 확인할 길이 없다.

사탕과자 사 주세요, 엄마

둥그란 사탕과자

아버지 모르게 사 주세요

아시면 꾸중해요, 엄마

울 엄마 귀먹었나, 엄마

듣고도 그러시나

심부름 걸레질 다 할게요

어서 빨리 사 주세요, 엄마

10월 28일 일요일

노오란 은행잎이 지천으로 떨어져 개울가 산책로가 노랗게 변했다. 커다란 오동잎도 뚝뚝 떨어져 바람에 굴러다녔다. 재영이랑 아파트 주위를 산책하다가 놀이터에서 공놀이도 하고 미끄럼도 타고 회전 기구도 타면서 놀고 있는데, 어떤 아주머니가 "아기보담도 아빠가 더 재미있게 놀고 계시네요." 했다. 내가 "아빠가 아니라 할아버진데요."라고 했더니, "어쩜 그리 젊어 보이세요."라고 말했다. 젊어 보인다는 말에 우쭐하기보다는 노는 꼴을 보니 아직 한참 어려 보인다는 말로 새겨들어야 할 것 같다.

실컷 놀다 돌아와서 점심을 먹이는데, 녀석이 밥을 입에 문 채 깜박깜박 졸기 시작했다. 억지로 깨워가며 밥을 먹인 것까지는 좋았는데 샤워를 시킨 것이 실수였다. 샤워를 끝내자마자 쓰러져 잠들었던 녀석은 두어 시간 자고 나더니 먹었던 것을 모조리 토해냈다. 자는 동안 음식을 전혀 소화시키지 못해 체한 모양이었다. 아기는 밥을 먹인 뒤 바로 샤워를 시키면 안 된다는 것을 나는 몰랐던 것이다. 더군다나 놀이터에서 실컷 뛰어놀아 피곤해서 잠이 오는 상태에서 밥과 고기를 잔뜩 먹인 뒤 샤워까지 시키고 그대로 잠을 재웠으니 탈이 날 만도 했다. 어른의 부주의로 어린 녀석이 먹은 걸 모두 토하고 저녁까지 쫄쫄 굶게 생겼으니 정말 딱하게 되었다. 샤워를 시키지 말고 좀 더 데리고 놀다가 그냥 재웠어야 했는데. 에이, 참.

10월 30일 화요일

언제 그렇게 됐는지도 모르게 아내의 입이 쓰레기통으로 변했다. 도망 다니는 재영이 뒤를 쫓아다니며 밥을 먹이다가 녀석이 방바닥에 흘린 밥알이나 김 조각을 주우면 아내는 곧장 자기 입으로 가져갔다. 처음엔 그런 걸 주우면 싱크대로 가져가서 버렸는데, 나중엔 버리러 가기가 귀찮아서 그냥 자기 입에다 버린다는 것이었다. 또 처음에는 비교적 깨끗한 밥알이나 김 조각 같은 것만 주워서 입으로 가져가더니 나중엔 반찬이나 과자 부스러기 등 지저분해 보이는 것들도 거리낌 없이 집어넣었다. 뿐만 아니라 녀석의 입술이나 볼에 붙은 것도 예사로 떼 먹고는 자기 입이 쓰레기통 대용이라며 스스로 푸념하곤 했다. 내가 보기에도 좀 그랬다. 그래도 한때는 그 입술에 열정적으로 키스하던 시절도 있었는데, 정말 그런 적이 있었던가 싶을 만큼 그녀의 입술도 변했다. 재영이가 빠른 속도로 커가는 만큼 우리 부부는 빠른 속도로 늙어가고 있다. 우리의 육신뿐만 아니라 마음까지도. 그래서 쬐끔은 슬퍼지려고 한다.

11월 1일 목요일

집에서 언니나 동생과 사랑 다툼을 심하게 한 아이들은 놀이터에서도 표시가 난다. 친구들과 함께 생글생글 웃으며 잘 놀다가도 자기 권리가 조금이라도 침범당하면 갑자기 공격적으로 변한다. 그 치열함에 깜짝 놀랄 정도다. 오늘 놀이터에서 만난 네 살짜리 여자아이는 멀리서 나를 보자마자 생글생글 웃으며 반갑게 달려왔다. 벌써 여러 번 만나 함께 시소를 타며 동요를 부른 적도 있기 때문에 낯이 익은 탓이었다. 그런데 재영이가 앞에서 알짱거리자 갑자기 가슴을 탁 떠밀어 엉덩방아를 찧게 만들었다. 내가 깜짝 놀라 "아기를 밀면 안 돼."라고 타이르고 있는데, 건너편 벤치에 앉아 지켜보고 있던 그 아이의 엄마가 더 놀란 표정으로 달려와 자기 아이를 나무란 뒤 내게 죄송하다며 사과했다.

5분쯤 후 그 여자아이는 이번엔 다섯 살쯤 된 남자아이랑 서로 치고받으며 울음을 터뜨렸다. 미끄럼틀에 달린 팔랑개비를 돌리고 있던 남자아이를 밀어내고 자기가 돌리겠다고 우기다가 싸움이 벌어진 것이었다. 덩치로나 완력으로나 남자애를 당할 수 없어 악으로만 싸우려 드니 두들겨 맞을 수밖에 없었다. 말릴 사이도 없이 실컷 두들겨 맞고 우는 아이를 이번에도 엄마가 달려와서 오빠가 먼저 돌리고 있는 팔랑개비를 빼앗으려고 하면 되느냐며 나무랐다. 그것을 보며 우리 재영이도 나중에 동생이 생기면 온순하던 성격이 저렇게 변하지 않을까 하는 걱정이 들었다. 지금까지 자신한테만 쏟아지던 관심과 사랑을 동생에게 빼앗기기 시작하면서 아이가 느끼게 될 박탈감과 분노를 어떻게 달래줘야 할지 정말 쉽지 않은 문제처럼 느껴졌다. 나는 재영이를 안아 올려 그 여자아이로부터 멀찌감치 떼어놓았다.

11월 2일 금요일

그동안 배탈로 이런저런 약을 먹인 탓인지 변비와 설사를 교대로 하던 녀석이 모처럼 정상적인 볼일을 보자 아내는 희색이 만면하여 우리 재영이가 똥을 예쁘게도 쌌다고 좋아했다. 그렇게 예쁘면 표구라도 해서 벽에 걸어놓으라고 했더니 깔깔 웃으며 정말 그러고 싶다고 했다. 온종일 녀석과 씨름하느라 힘들어하면서도 외손자 재롱에 흠뻑 빠져 사는 아내를 보며 나는 가끔 그녀가 참 예쁘게 늙어간다는 생각을 하곤 한다. 올해 예순이 된 아내의 눈과 입가에는 어느새 주름살이 자글자글하다. 재영이를 보며 웃을 때는 그 주름살이 햇살처럼 환하게 퍼지는 듯하다. 이제 자기도 6학년이 되었으니까 나랑 맞먹겠다고 농담 삼아 말하기에 내가 그러라고 허락했다. 예순 살이 되었다고 해서 나와의 네 살 차이가 줄어든 건 아니지만, 그 차이를 전체 나이에 대한 비율로 따지면 간격이 엄청 좁아진 건 사실이다. 그리하여 우리 부부는 이제 같이 늙어가고 있다.

11월 6일 화요일

거실에서 동요가 들려온다. 재영이 들으라고 외할머니가 시디플레이어를 틀어놨다. 어린이를 위한 동요들은 간단명료하고 경쾌해서 머릿속의 잡념을 순식간에 밀어내버린다. 그래서 동요를 들으며 다른 일을 하기는 좀 어렵다. 서재에서 소설을 번역하고 있는데, 동요가 내 머리와 마음속을 다 차지해버려 앞으로 나아갈 수가 없다. 컴퓨터를 끄고 거실로 나가 재영이랑 같이 놀든지, 다른 재미있는 책이라도 읽는 수밖에 없다. 다른 동요들이 연이어 들려온다. 뿌리칠 재간도 없이 내 온몸은 동심에 빠져든다.

싹트네 싹터요 내 맘에 사랑이
싹트네 싹터요 내 맘에 사랑이
밀려오는 파도처럼 내 맘에 사랑이
싹트네 싹터요 내 맘에 사랑이
- 〈싹트네〉, 정정명 작사

11월 8일 목요일

아범이 퇴근해서 데리러 오면 재영이는 좋아서 방방 뛰기 시작한다. 다른 놀이를 하다가도 아빠가 거실에 들어서는 순간 발딱 일어나 방 안을 서너 바퀴 춤을 추며 돈다. 아빠가 이름을 부르며 팔을 벌리고 다가와도 살살 피하면서 마음속의 기쁨을 실컷 발산한 다음에야 비로소 품에 안긴다. 안긴 다음에 하는 짓도 정말 가관이다. 얼굴을 아빠 어깨에 찰싹 붙이고는 한동안 행복한 표정을 지으며 가만히 있다. 이제 21개월 접어든 녀석이 무슨 계산속이 있거나 연기를 하는 것도 아니고, 본능이 시키는 대로 하는 것 치고는 이건 좀 과하다 싶을 정도다. 아빠가 나타나는 순간 하루 종일 진 빠지게 저를 보살펴준 외할머니는 찬밥 대하듯 한다. 저와 놀이터에서 함께 놀아준 외할아버지도 마찬가지 신세다. 집사람은 아이가 외할머니한테 찰싹 달라붙는 것보다는 제 아빠를 좋아하는 것이 오히려 다행이라 말하고 나 또한 그 말에 충분히 동의하지만, 그래도 가끔은 녀석이 슬며시 얄미워질 때가 없지 않아 있다.

11월 9일 금요일

주말에 제 엄마가 퇴근해 돌아오면 재영이는 그동안 못 받은 엄마 사랑을 한꺼번에 벌충하려는 듯 찰싹 달라붙어 쉴 새 없이 칭얼댄다. 평일에는 아침마다 눈도 뜨기 전에 아빠 차에 실려 외갓집으로 오고, 저녁마다 아빠랑 함께 집으로 돌아가지만 엄마는 대개 퇴근이 늦어 얼굴 볼 시간이 별로 없다. 그래서 재영이는 엄마보다 일찍 퇴근해서 자기와 놀아주는 아빠를 더 좋아한다. 그렇다고 해서 엄마에 대한 본능적 그리움이 없어지는 게 아니라 속으로 차곡차곡 쌓여 욕구불만으로 나타나는 것 같다. 주말에 엄마가 곁에 있으면 배가 고프거나 어디가 아프거나 특별한 이유도 없는데 계속 매달리며 칭얼거린다. 그럴 땐 외할아버지 외할머니가 달래줘도 역효과만 난다. 녀석이 떼쓰는 걸 보면 마치 엄마는 왜 나랑 같이 놀아주지 않느냐, 왜 매일 어디론가 가느냐, 뭔지 모르지만 난 엄마한테 받을 게 있는 것 같은데 왜 안 주느냐고 항의하는 것만 같다. 엄마가 회사를 1년이나 쉬면서 모유도 1년 넘게 먹였고, 아빠가 매일 퇴근길에 저를 태우고 집에 데려가서 엄마랑 함께 자도록 해줘도 녀석의 엄마에 대한 갈증은 완전히 해소되지 않는 듯하다. 자식에 대한 엄마의 사랑이 무한대인 것을 보면 엄마의 사랑을 받고 싶어 하는 자식의 본능도 무한대인 것은 어쩌면 당연하다 할 것이다.

11월 14일 수요일

외할머니가 사다 준 코코몽이라는 원숭이 인형을 재영이는 제일 좋아한다. 코코몽만 보면 마냥 좋은지 깔깔거리며 끌어안고 마구 뒹군다. 칭얼대다가도 코코몽을 눈앞에서 흔들면 웃으며 끌어안고, 그 커다란 놈의 작은 귀를 잡고 온 집 안을 뛰어다니기도 한다. 잠이 들었을 때도 코코몽을 옆에 놓아두면 눈 뜨자마자 벌떡 일어나 그것을 끌어안고 무어라고 쫑알거린다. 원래 잠에서 깨어나도 칭얼거리는 법이 없는 녀석이지만, 코코몽을 보면 방 안에 혼자 둬도 무서워하지 않는 것 같아 나는 녀석이 잠들 때마다 코코몽을 머리 옆에 살짝 놓아둔다. 코코몽이 옆에 있는 한 녀석은 절대 혼자가 아니다.

11월 16일 금요일

재영이가 점심 먹고 한 시간쯤 놀고 난 뒤에도 낮잠 잘 생각은 통 않고 함매한테 매달리며 계속 칭얼대고 있다. 책상 위에 놓인 집 전화로 내 휴대폰 번호를 누르자 〈백만 송이 장미〉가 경쾌하게 울려 퍼졌다. 그러자 거실에서 칭얼대던 녀석이 내 서재로 총알처럼 달려오더니 내 무릎 위로 기어 올라와 얼굴을 내 가슴에 착 붙이고 귀를 기울였다. 음악이 한 번 끝나자마자 나는 재다이얼 버튼을 눌렀다. 그렇게 세 차례나 〈백만 송이 장미〉 경음악이 흘러나오는 동안 녀석은 꼼짝도 않고 듣고만 있었다. 음악이 아주 마음에 드는 모양이다. 엉덩이를 토닥이며 〈엄마야 누나야〉와 〈섬집 아기〉를 나지막하게 불러주자 그대로 잠들어버린다. 녀석의 잠든 얼굴은 언제 봐도 아기 천사의 모습이다.

이마를 벽 모서리에 찧어 상처를 입었다.
응급실에서 마취를 하고, 상처를 꿰매고…….
어린것이 얼마나 놀라고 아팠을까?

11월 19일 월요일

재영이가 거실에서 방방 뛰다가 넘어지며 이마를 벽 모서리에 찧어 상처를 입었다. 피가 많이 나 우리 부부는 깜짝 놀랐고, 손수건으로 상처 부위를 꼭 누른 채 아범에게 급히 전화로 연락했다. 마침 퇴근해서 돌아오는 중이던 아범이 도착하여 우리 모두는 분당 서울대병원으로 달려갔다. 응급실에서 마취를 하고, 상처를 꿰매고, 한바탕 악몽 같은 시간이 흘러갔다. 어린것이 얼마나 놀라고 아팠을까? 우리 부부도 너무 충격을 받아 갑자기 아이 돌보는 일에 자신이 없어졌다. 방방 뛰는 아이 앞에서는 집 안의 모든 것들이 흉기로 돌변한다. 바깥에 나가면 위험한 것들은 더 많다. 그렇지만 아이는 분별력이 전혀 없으니, 어른들이 일일이 따라다니며 지킬 수밖에 없다. 그렇게 지킨다고 지켰는데도 이런 사고가 터진 것이다. 녀석을 제 아빠 엄마한테 맡기고 병원에서 집으로 돌아오는 내내 아내와 나는 몹시 우울했다. 하도 놀라고 가슴이 아파 오늘 밤엔 잠도 못 이룰 것 같다. 아내는 딱히 자기 잘못도 아닌데 충격을 너무 심하게 받았는지 밤늦은 시각까지 자꾸만 자책했다.

11월 20일 화요일

착한 녀석. 병원에서 이마의 상처를 꿰맨 후 집에 돌아가서도 저녁밥을 잘 받아먹고 잠도 푹 잤다고 아범은 아침에 재영이를 내게 안겨주며 보고했다. 그만하길 천만다행이다 싶어 가슴을 쓸어내리며 나는 천사를 안고 집으로 올라왔다. 이마에 반창고만 하나 붙였을 뿐 녀석은 변함없이 명랑하고 쾌활했다. 잘생긴 이마에 흉터가 남지 않기만을 바랄 수밖에. 다행히도 솜씨 좋은 정형외과 전문의가 마침 대기하고 있어서 상처 봉합은 아주 깔끔하게 끝났다고 했다. 그것으로나마 위안을 삼아야지 뭐.

이번 일로 정신이 번쩍 든 집사람이 당장 완충재를 한 아름 사왔고, 나는 아이가 넘어지며 머리를 찧을 만한 곳이면 모조리 그것들을 붙였다. 진작 그렇게 했어야 했는데, 만시지탄이 아닐 수 없다. 호미로 막을 일을 가래로 막은 셈이다. 아이에 관한 한 방심은 절대 금물이라는 사실을 따갑게 느끼도록 만든 사건이었다.

11월 22일 목요일

이마에 반창고를 하나 붙인 것만 달라졌을 뿐, 재영이는 오늘도 전혀 위축된 기색 없이 온 집 안을 다람쥐처럼 뛰어다닌다. 넘어져서 머리를 찧은 곳을 가리키며 아픈 기억을 아무리 되살려줘도 그때만 잠시 주춤할 뿐, 1초만 지나면 마찬가지로 돌아간다. 그런 아이더러 무슨 잘못을 따질 것인가? 아이가 다치면 그 잘못은 어른에게 있다는 바깥사돈의 말씀이 지당하다는 생각이 든다. 방방 뛰는 아이를 제지하는 일은 원천적으로 불가능하고, 녀석의 동선을 따라 머리를 찧을 만한 곳에 모조리 완충재를 붙여 부상을 예방하는 수밖에 달리 방법이 없다. 그런데 완충재에 붙은 양면 접착제가 불량이라 자꾸만 떨어져서 스카치테이프를 그 위에 다시 붙여야만 했다. 이번 사고로 신경이 곤두선 아내는 내가 서툰 솜씨로 스카치테이프를 붙이는 꼴이 눈에 거슬렸던지 제발 좀 그만하라며 히스테리를 부렸다. 나도 신경이 날카로워진 상태라 고함을 지르며 울화통을 터트렸다. 나이를 이만큼 먹고도 소싯적의 못된 성질을 아직 버리지 못해 화가 나면 고함부터 터져 나오니, 나는 대체 언제쯤이나 제대로 된 인간이 될 수 있을까?

11월 23일 금요일

책상에 앉아 컴퓨터로 일을 하고 있으면 방문이 살며시 열리고 외손자 녀석이 타박타박 걸어 들어온다. 의자 모서리를 붙잡고 나를 쳐다보며 생글생글 웃거나 외계인 언어로 뭐라고 종알거린다. '얼른 안아 무릎 위에 올려 달라'는 뜻이다. 그냥 내버려두면 까치발로 서서 손가락으로 문자판 가장자리 버튼들을 꼭꼭 눌러대기 시작한다. 그러다 뭘 잘못 눌러 화면이 이상하게 변해버리면 원래대로 돌리느라 내가 애를 먹기도 한다. 하는 수 없이 컴퓨터를 끄고 녀석을 무릎 위에 안아 올리면 신이 나서 두 손으로 문자판을 마구 두들기고 책상 위의 물건들을 닥치는 대로 잡아 던지려고 한다. 그러면 작업을 일단 끝내고 녀석과 같이 놀아줄 수밖에 없다. 거실로 안고 나가서 블록 쌓기를 하든, 플라스틱 자동차를 태워주든, 동요를 틀어주든. 아니면 녀석을 안고 소파에 기대앉아 자장가를 불러주며 재우는 수도 있다.

눈 감기고 발발발 요리조리 찾는다
나 여기 숨은 줄 모르고 요리조리 찾는다

내가 어릴 때 동네 아이들과 수건으로 눈을 가리고 숨바꼭질하며 자주 부르던 노랜데, 요즘은 어디서도 들어볼 수가 없다.

11월 26일 월요일

재영이 이마를 살펴보니 상처가 비교적 깨끗하게 아물어 있었다. 그만하길 정말 다행이다 싶었다. 운이 좋아 사고 당일 응급실에 솜씨 좋은 외과 의사가 대기하고 있어서 상처 부위를 깔끔하게 꿰맬 수 있었던 덕분이었다. 그리고 다급한 상황이었을 때 마침 아범이 퇴근해서 집에 도착했던 것도 천행이었고, 울며 몸부림치는 아이를 차에 태워 엉뚱한 병원으로 달려가 쓸데없이 시간을 지체하지 않았던 것도 아주 잘한 일이었다. 한 6개월쯤 지나면 흉터도 거의 보이지 않게 될 거라니 정말 다행이 아닐 수 없다. 아예 다치지 않았으면 더 좋았겠지만, 재영이도 한 세상 살아가노라면 이런저런 일이 왜 없겠는가. 하지만 위급한 순간에 저한테 필요한 사람들이 모두 주위에 있었다는 사실이 매우 중요하고, 그래서 복이 참 많은 녀석이라는 생각이 들어서 많은 위안이 되었다.

11월 27일 화요일

집사람이 동네 정육점에서 좋은 쇠고기 안심을 사왔다며 아범을 불러 저녁 식사를 함께 하자고 했다. 과연 냉동하지 않은 양질의 고기라 부드럽고 맛이 있었다. 아범은 자기가 아마도 전생에 나라를 구한 모양이라고 말했다. 의사 신분에 멋진 아내를 만나 아들까지 낳고 살면서 장모님한테 맛있는 것까지 자주 얻어먹으니 아주 만족스럽다는 얘기였다. 아부하는 말인 줄 알면서도 그러는 사위가 밉지는 않았다. 전생에 나라를 구했는지 어쨌는지는 잘 모르겠지만, 내가 보기에도 아범은 복이 많은 사내였다. 제 말대로 의사 신분에다, 요즘 말로 이대 나온 아내에다, 아들까지 키워주며 틈틈이 챙겨 먹여주는 장모까지 가까이 두었으니 옆에 있는 내가 다 부러울 지경이었다. 그렇지만 나는 부러워하지 않기로 했다. 그들을 다 가지고 있는 사람이 바로 나니까. 사위가 전생에 나라를 구했다면 나는 전생에 지구를 구했다고 생각하기로 했다.

11월 29일 목요일

아침 6시경에 재영이 울음소리가 들려왔다. 어젯밤 늦게까지 놀다가 간식도 안 먹고 잠든 바람에 배가 몹시 고픈 모양이라며 아내는 우유를 전자레인지에 데웠다. 30분쯤 지난 뒤 우유를 다 먹고 다시 잠들려는 아이를 등에 업은 아내가 내 방문을 살며시 열고 들어왔다. 수영 갈 시간이라고 했다. 아내 등에 착 달라붙은 아이를 떼어내니 또 울기 시작했다. 그래도 건네받아 품에 안고 소파에 앉아 다독이며 자장가를 불러줬다. 녀석은 노래가 다 끝나가도록 훌쩍이더니 결국 잠들었다.

아내가 수영을 마치고 돌아올 시간에 맞춰 누룽지 죽을 끓여놓는 건 내가 아침마다 하는 일이다. 우리가 아침 식사를 마칠 때까지 재영이는 색색 계속 잤다. 내가 냉장고에서 사과를 꺼내어 씻은 뒤 칼로 깎아 접시에 담으며 아내에게 농담조로 말했다. 새벽에 우는 애를 남편한테 맡겨놓고 수영 갈 수 있는 아내가 이 세상에 그렇게 많을 줄 알아? 아침마다 누룽지 죽을 끓여 아내 앞에 대령하고, 과일을 깎아놓고 드시라 하고, 다 먹고 나면 커피를 타서 내놓는 남편은 또 얼마나 되겠냐고? 커피 마시고 나면 빈 그릇들을 싱크대로 모두 날라주고, 음식 찌꺼기와 과일 껍질을 모아 쓰레기봉투에 버리고, 행주로 식탁을 말끔하게 닦는 것까지가 내 담당이다. 내 말을 다 듣고 난 아내 왈, "행복한 줄이야 알지. 그런데 '이미 확보된 행복은 행복이 아니다.'고 말했던 사람이 누구였지? 당신 아니었어?"

11월 30일 금요일

자식이 부모에게 반항하는 것은 불가피하고 정상적인 행동이다. 부모는 자식이 하기 싫어하는 것만 자꾸 하라고 강요하고, 하고 싶어 하는 건 무조건 못하게 가로막는 존재이기 때문이다. 하기 싫은 걸 그만두게 하거나 대신 해준 기억은 자식의 머릿속에 절대로 남아 있지 않다. 마찬가지로 하고 싶은 걸 마음껏 하게 해준 기억도 제대로 남아 있는 법이 없다. 기억이란 놈은 요상하여 하기 싫은 걸 억지로 시켰거나, 하고 싶은 걸 못하게 막았던 일만 차곡차곡 간직하고 있다가 호시탐탐 복수할 기회를 노린다. 하기 싫어도 해야만 하고, 하고 싶어도 참아야 한다는 걸 깨닫기까지는 오랜 세월이 걸리고, 죽을 때까지 깨닫지 못하는 자식들도 많다.

딸아이가 가끔 제 엄마한테 톡톡 쏘며 반항하는 것도 따지자면 그런 이유에서였다. 부유한 집안 아이들처럼 호의호식하며 키운 건 아니지만 비교적 편안하고 자유로운 분위기 속에서 별 어려움 없이 키웠다고 생각되는데도, 정작 딸의 머릿속엔 서운한 기억들만 저장되어 있는 모양이었다. 깔끔하고 예민한 성격인 제 엄마한테 부대낀 것이 여린 마음에 상처로 남아 있었던지, 이따금 제 마음에 안 들면 엄마한테 톡톡 쏘며 반항하곤 했다. 그 버릇은 시집간 뒤에도 여전히 못 고치고 엄마한테 대들다가 남편한테 야단맞기도 하더니, 저도 아이를 낳아 키워보고, 아이를 엄마한테 맡기고 다니더니 차츰 나아졌다. 제 새끼를 맡기더니 어미한테 톡톡 쏘며 대들던 버릇이 없어졌다고 집사람이 말하자 딸아이는 "나 엄마한테 약점 잡혔잖아."라며 웃었다. 내가 보기엔 딸아이가 제 엄마한테 약점을 잡힌 게 아니라, 제 엄마가 딸한테 발목을 단단히 붙잡힌 꼴이다. 외손자만 아니면 만년을 여기저기 여행이나 하며 한가롭게 보낼 팔자라는 것이 내 아내의 확신에 찬 주장이기도 하다. 사정이 이러하니, 모든 것을 자기 시각으로 볼 수밖에 없다는 것이야말로 인간의 가장 큰 약점인 듯하다. 상대방의 입장에서 상대방의 눈으로 보는 훈련이 필요한 것은 바로 그런 연유에서다.

12월 3일 월요일

오늘은 우리 부부 결혼 35주년 기념일이다. 평범하기 '짝이 없는' 한 남자와 한 여자가 만나 함께 살게 되었으니 결국 '짝이 있게' 되어버린 셈인데, 그게 기념까지 할 만한 일인지는 잘 모르겠지만 그래도 35년이라는 긴 세월을 온갖 풍상 함께 겪으며 살아왔다는 사실만큼은 대견하다 칭찬해도 되지 않을까 싶다. 그동안 살아오면서 좋은 일 즐거운 일도 많았지만, 당장 때려치우고 빠이빠이 해버리고 싶었던 적도 저나 나나 왜 없었겠는가. 그래도 꾹 참고 못난 남편 끼고 지금까지 잘 살아준 아내한테 진심으로 감사하고 싶다. 덕분에 예쁜 딸 잘 키워서 의사한테 시집보냈고, 사근사근하고 착한 사위는 장모한테 결혼기념일 축하한다며 슬며시 봉투까지 내놓았다. 기분이 좋아진 아내는 딸 내외한테 점심을 쏜다며 고기동 한식집 소담골로 모두를 초대했다. 외손자 녀석까지 효도한답시고 소담골까지 차를 타고 가는 사이에 잠이 폭 들어서 우리는 모처럼 느긋하게 맛있는 점심을 한껏 즐길 수가 있었다. 그러자 축하하는 김에 더 하려고 그러는지, 그토록 애타게 기다리던 재영이 어린이집 입학 통보가 소담골로 날아들었다. 우리 아파트 단지 관리실 건물 안에 있는 어린이집이었다. 아범과 딸아이가 즉시 달려가서 아예 입학원서까지 내고 왔다. 그래서 내년 3월 1일부터는 재영이도 어린이집에 다니게 되었다. 축하! 축하!

12월 5일 수요일

눈이 푸지게도 왔다. 아파트 단지 내 놀이터들이 금방 눈으로 덮였다. 재영이는 눈이 내리는 것을 보고 자꾸만 비라고 우겼다. 눈을 처음 봤기 때문이다. 눈이 어떤 건지 알려주기 위해 좀 춥긴 하지만 밖으로 데리고 나갔다. 옆집에 사는 준우의 플라스틱 눈썰매를 빌려 재영이를 태우고 아파트 놀이터로 끌고 나갔다. 재영이는 썰매가 미끄러져 가는 것이 신기하기도 하고 약간 겁도 나는지 표정이 자못 진지했다. 놀이터에는 아이들이 눈사람을 만들거나 눈싸움을 하며 놀고 있었다. 다들 신바람이 나서 단지가 떠나갈 듯이 시끌벅적했다. 날씨가 너무 추워 오래 놀지는 못하고 30분쯤 돌아다니다가 돌아왔다. 그래도 재영이는 충분히 만족한 것 같았다. 집에 돌아오자 신이 나서 팔짝팔짝 뛰었다. 내일은 더 추워진다니 재영이가 밖에 나갈 일이 큰일이다. 지금 나한테 걱정이라고는 그것밖에 없다. 누가 들으면 약 오를지 몰라도.

12월 6일 목요일

눈이 그치자 기온이 뚝 떨어졌다. 하루 종일 방 안에만 갇혀 있던 재영이는 거의 발광할 듯이 날뛰었다. 거실 이쪽 끝에서 저쪽 끝으로 우사인 볼트처럼 내달리는데, 아무리 말려도 소용이 없었다. 그냥 내버려두었다간 자빠져서 또 사고 내겠다 싶어서 콧구멍에 바람이라도 쐬어주기로 했다. 털모자를 씌우고 파카를 입히고 벙어리장갑을 끼운 다음 아파트를 나섰다. 옆집 문 앞에 보니 오늘은 썰매가 두 대나 세워져 있었다. 한 대에는 '고준우', 다른 한 대에는 '고다영'이라고 매직으로 적혀 있다. 다영이는 준우의 누나다. 그래서 오늘은 다영이 누나의 썰매를 잠시 빌리기로 했다. 담요를 썰매 바닥에다 깔고 재영이를 앉힌 다음 담요 앞자락을 가랑이 사이로 빼내어 다리와 발을 덮어주었다. 이만하면 춥진 않겠지 생각했는데, 공기가 하도 차가워서 아파트 단지를 한 바퀴 돌고 나니 내 얼굴이 다 얼얼했다. 콧구멍에 바람을 쐰 것만으로도 신바람이 난 재영이는 아파트 거실로 돌아오자 더 길길이 날뛰었다. 하이고, 못 말릴 녀석!

12월 7일 금요일

자정이 넘은 시각에 아내가 기어드는 목소리로 배가 아프다며 명치를 좀 문질러 달라고 했다. 먹은 것이 또 체한 모양이었다. 아내는 걸핏하면 체한다. 지금까지 살면서 내가 너무 속을 썩여서 그런 것 같기도 하고 아닌 것 같기도 하다. "내 손은 약손, 니 배는 똥배." 해가며 아내의 명치를 손바닥으로 30분쯤 문지른 다음 뜨끈뜨끈한 찜질팩을 배 위에 올려주곤 "이제 좀 살 만하냐?"고 물었더니 가타부타 대답이 없었다. "쬐끔만 더 참고 살아봐. 뒤늦게라도 영화가 있을 게야."라고 했더니 그제야 "순 사기꾼. 35년간 사기를 쳐놓고도 아직 남았어?"라는 대꾸가 돌아왔다. 그래서 "부귀영화만 꼭 영화인가? 외손자 녀석 재롱떠는 거 보며 하하 호호 웃고 사는 것도 영화라면 영화지. 당신의 영화는 바야흐로 시작됐어. 이제 해피엔딩만 남았다니까."라고 말해주었더니 기가 막힌다는 듯 허허 웃었다. 여자 웃음이 하하면 하하고 호호면 호호지, 허허가 뭐람? 같은 6학년 되었다고 웃음소리도 나처럼 바꿨냐고 살짝 염장을 질러주었다.

눈썰매 시승식에 조손간에 기분이 아주 좋았다.
코에 빨간 칠만 안 했다 뿐이지 나는 루돌프 사슴,
빨간 털모자를 쓴 재영이는 영락없는 23개월짜리 산타였다.

12월 10일 월요일

엊그제 대학 동창 모임에 나갔다가 돌아오는 길에 홈플러스에서 빨간 플라스틱 눈썰매를 발견하고 본 김에 한 대 구입했다. 재영이 눈썰매 타러 나갈 때마다 옆집 아이 것을 빌리기도 구차스럽고, 그걸 사러 일부러 이마트까지 나가기도 귀찮은 일이었다. 별로 무거운 물건도 아니니까 손에 들고 가면 되겠지 생각했는데, 추운 날 밤 차가운 눈보라가 휘날리는데 한 손엔 우산을 다른 손엔 눈썰매를 들고 개울을 따라 20여 분이나 걸어 집으로 돌아오니 양손이 얼얼했다. 그래도 고생한 덕분에 오늘은 재영이를 자가용 눈썰매에 태우고 시승식을 할 수 있어서 조손간에 기분이 아주 좋았다. 기온이 영하 10도 이하로 떨어져 너무 추운 탓에 30분도 채 못 놀고 들어오기는 했지만 그래도 아파트 단지 한 바퀴는 다 돌았다. 23개월짜리 사내아이를 눈썰매에 태운 뒤 담요로 아랫도리를 덮고 끌고 다녔더니 보는 사람마다 다 방긋방긋 웃었다.

12월 12일 수요일

"당신이 꽁무니를 쫓아다니며 똥 쌀 때가 됐는데 왜 안 싸니, 할 때는 들은 척도 않던 녀석이 꼭 시장 가고 없을 때만 골라 똥을 쓰나미처럼 싼단 말이야." 하고 내가 불평을 했더니 집사람이 "예쁜 똥이라 하찌 드시라고 그러는 거야."라며 깔깔 웃었다. "예쁜 똥이 어디 있어. 그렇게 예쁘면 표구해서 벽에 걸어놓든지 식기 전에 당신이나 실컷 드셔."라고 했더니, "아기 똥이 뭐가 더럽다고 그래. 내가 보기엔 쫀득쫀득한 게 귀엽기만 하더만." 했다. 못 말리는 모성 본능이다. 23개월째로 접어든 재영이는 맵짠 것을 제외하고는 어른들 음식을 대부분 다 먹는다. 그러니 방귀 냄새나 똥 냄새도 어른 것과 거의 비슷하다. 어떤 때는 제가 방귀를 뀌고도 냄새가 지독한지 인상을 뭐같이 쓴다. 똥을 치우는 함매보다 녀석이 더 얼굴을 찡그려대며 "아이, 냄새!" 하고 소리친다. 그래도 집사람은 변비가 아니고 정상적인 똥만 나오면 좋아서 입이 바가지만 해지며 "아이고, 예쁘게도 쌌네!" 하고 좋아한다. 곧바로 화장실로 안고 가서 엉덩이를 물로 씻어주기 때문에 똥 기저귀는 내가 재빨리 돌돌 말아 치울 때가 많다. 녀석이 유독 내 주위를 뱅뱅 돌다 똥을 쌀 때가 많고, 코 밑에서 냄새를 살살 피우기 때문에 얼른 치우는 편이 나한테도 유리하기 때문이다. 그나마 집사람이 어디 가고 없을 때는 내가 직접 치운 뒤 녀석의 엉덩이까지 물티슈로 깨끗이 닦아줘야 한다. 대충 닦아줬다 또 똥독이 오르면 큰일이니까.

12월 14일 금요일

거실 바닥에는 새로 구입한 부드럽고 폭신한 스펀지 매트리스를 깔고, 기왕에 깔려 있던 합성수지 매트는 부엌 바닥에 깔거나 벽에 덧대었다. 재영이가 주로 날뛰는 동선을 따라 머리를 부딪칠 만한 곳이면 모조리 완충재를 붙였다. 벌써 몇 주일째 신경을 곤두세우며 그 작업을 하고 있는 나를 보자 아내는 짜증이 나서 더 이상 못 참겠던지 제발 좀 그만하라고 소리를 질렀다. 집 안 구석구석을 벌벌 기어 다니며 노심초사하고 있는 내가 꼭 노이로제 환자처럼 보인다는 것이었다. 그렇지만 외손자 녀석의 이마가 찢어져 피를 흘리는 모습이 악몽처럼 자꾸만 눈앞에 떠올라 절대 그만둘 수가 없었다. 그런 일이 다시 벌어지지 않게 할 수만 있다면 열 번이라도 노이로제 환자가 되고 싶었다. 집 안의 모든 가구들과 벽의 모서리들이 내 눈엔 온통 흉기처럼 보였다. 지금까지 아무 생각 없이 살아온 내 환경이 귀여운 외손자한테는 그처럼 위험한 곳일 줄이야. 난 절대 그만둘 수 없어. 말리지 마.

12월 17일 월요일

엊그제까지만 해도 온 천지가 눈썰매장이었는데, 한 며칠 포근한 날씨에 비까지 내려 그 많던 눈이 다 녹아버리고 그늘진 곳에만 조금씩 남았다. 아파트 현관 계단만 내려가면 재영이를 눈썰매에 태워 단지 안팎 어디든 끌고 다닐 수 있었는데, 오늘은 한쪽 손에 눈썰매를 들고 다른 손으론 재영이 손을 붙잡고 눈이 남아 있는 개울가까지 걸어가야만 했다. 개울가 산책로 음지에는 빗자루질을 하지 않아 눈이 아직 남아 있었고, 날씨가 포근해서 그다지 춥지도 않았다. 재영이를 눈썰매에 태우고 산책로를 한 차례 왕복한 뒤 문득 돌아보니, 녀석이 눈썰매 손잡이를 느슨하게 쥔 채 깜박깜박 졸고 있었다. 점심을 잔뜩 먹은 데다 두터운 솜바지와 점퍼를 입고 털모자까지 쓰고 앉았으니 졸음이 쏟아질 만도 했다. 그렇다고 곧장 집으로 돌아가면 다시 또릿또릿하게 깨어나 거실을 미친 듯 질주할 테니, 좀 더 지치게 만든 다음에 데려가서 재울 필요가 있었다. 녀석을 눈썰매에서 끌어내려 근처 놀이터로 걸어갔다. 그네를 타고, 미끄럼을 타고, 회전 기구 등을 타자 녀석은 잠이 완전히 달아났는지 신나게 뛰놀았다. 실컷 놀게 한 다음 지칠 때쯤 되어서야 집으로 데려갔다. 기다리고 있던 아내가 녀석을 목욕시킨 다음 두유를 입에 물렸다. 녀석은 두유 한 개를 다 먹고 나서야 곤한 잠에 떨어졌다.

12월 18일 화요일

원숭이 똥구멍은 빨갛다

빨간 것은 사과, 사과는 맛있다

맛있는 것은 바나나, 바나나는 길다

긴 것은 기차, 기차는 빠르다

빠른 것은 비행기, 비행기는 높다

높은 것은 백두산

백두산 뻗어내려 반도 삼천리

무궁화 이 강산에 역사 반만년

대대로 이에 사는 우리 삼천만

복되도다 그의 이름 대한이로세

- <원숭이 엉덩이>, 구전 동요

어릴 때 여자아이들이 배꼽마당에서 고무줄넘기를 하며 부르던 노래다. 그때 그 아이들은 원숭이 엉덩이라 하지 않고 꼭 원숭이 똥구멍이라고 했다. 여자아이들이 저 노래를 부르며 고무줄을 팔짝팔짝 뛰는 것이 보기 좋고 듣기 좋아서 나는 실속 없이 한여름 땡볕 아래 고무줄을 붙잡고 한두 시간씩 멍하니 서 있곤 했다. 왜 그 여자애들은 원숭이 엉덩이라고 하지 않고 똥구멍이라고 했을까? 외손자 녀석한테 이 노래를 가르칠 때는 똥구멍이라 하지 말고 엉덩이라고 해야지.

12월 20일 목요일

아내가 수영장에 갔다가 돌떡을 한 덩어리 얻어가지고 돌아왔다. 같은 수영장에 다니는 한 여자가 재영이보다 1년쯤 아래인 손자 돌잔치를 했다며 백설기를 돌리더란다. 말랑말랑하고 쫀득쫀득해서 조금씩 떼내어 재영이 입에 넣어주자 냠냠 잘도 받아먹으며 새앙쥐 풀방구리 드나들듯 내 방을 들락거렸다. 녀석도 이제 달포만 지나면 두 돌이 된다. 첫돌 때는 감기 몸살이 걸려 어른들 걱정을 끼치더니, 그게 벌써 1년 전 일이 되었다. 세월이 어쩌면 이리도 빠른지. 우리 부부는 외손자 녀석 재롱에 웃다가 한 해를 눈 깜박할 새에 날려버린 기분이다. 내가 그렇게 말하자 아내는 그래서 억울하냐고 물었다. 억울할 거야 없지. 즐겁게 하하 호호 웃으며 살았으면 됐지, 그 이상 뭘 바랄 것인가? 녀석 보느라고 진은 좀 빠졌지만 세상살이 어떻게 산들 그만큼도 힘이 안 들까. 마, 그만하면 됐다 아이가. 그게 내가 한 대답이었다. 우문현답이지 뭐.

12월 21일 금요일

우리 재영이 눈썰매 실컷 타라고 눈이 다 녹을 만하니까 또 푸짐하게 내렸다. 온 세상이 하얗게 변하고 아파트 단지 내 놀이터에도 눈이 두껍게 쌓였다. 눈발이 여전히 펄펄 날리고 차가운 바람까지 살랑살랑 불었지만 그런다고 안 나갈 수 있나? 안 나갔다가는 녀석이 하루 종일 거실에서 방방 뛸 테니 단 30분이라도 데리고 나가 콧구멍에 바람을 넣어줘야 후환이 없을 터. 솜바지와 점퍼와 털모자에다 부츠와 벙어리장갑까지 단단히 챙긴 다음 한 손엔 눈썰매를, 다른 손엔 녀석의 손을 붙잡고 아파트를 나섰다. 먼저 눈썰매 바닥에다 담요를 깔고 녀석을 앉힌 다음 담요 앞자락을 가랑이 사이로 빼내어 두 다리를 덮어주었다. 그런 다음 눈썰매를 끌고 눈발이 휘날리는 아파트 단지 내를 돌아다니니 내 코에 빨간 칠만 안 했다 뿐이지 오갈 데 없는 루돌프 사슴 신세였고, 빨간 털모자를 쓴 재영이는 영락없는 23개월짜리 산타였다. 신이 난 재영이는 단지 내 놀이터들을 한 바퀴 다 돌고도 집에 돌아가지 않겠다고 떼를 썼지만, 날씨가 너무 추워 혹 감기라도 들까 봐 딱 30분만 놀다가 돌아왔다.

12월 22일 토요일

요즘 재영이는 제 손에 한 번 들어온 물건은 모조리 제 것으로 하기로 결정한 모양이다. 외할머니가 사용하는 주걱이나 국자 등 조리 기구, 화장품, 내가 사용하는 운동기구나 마우스 같은 물건들도 한번 가지고 놀기만 하면 그 다음부터는 "아가 꺼!" 하며 막무가내로 내놓지 않으려고 한다. 아무리 "하찌 꺼!" "함매 꺼!"라며 설득해봐야 소용이 없다. 당장 사용할 필요가 있어서 억지로 빼앗기라도 하면 금방 숨넘어갈 듯이 울어대며 닭똥 같은 눈물을 뚝뚝 흘린다. 그래서 집사람은 녀석에서 줘서 안 될 것은 처음부터 단호하게 안 된다고 딱 잘라야 한다고 내게 충고했다. 그래도 녀석이 막 떼를 쓰며 울면 일단 달래놓고 보자는 심정으로 손에 쥐여줬다가 막상 필요할 때 사용하지 못하는 사태가 요즘 자주 벌어지고 있다.

오늘은 토요일이라 모처럼 아내와 산책도 하고 근처 식당에서 점심도 함께 먹었다. 마음이 느긋해지며 긴장이 탁 풀리는 것이, 우리도 가끔 외손자 녀석한테서 놓여날 때도 있어야 숨을 쉴 수 있다는 걸 느낀다. 이상한 것은 그런 가운데서도 녀석의 노는 모습이 노상 눈앞에서 알찐거리며 통 사라질 기미를 보이지 않는다는 점이다.

12월 24일 월요일

크리스마스이브라고 사위가 퇴근길에 조그마한 케이크를 하나 사들고 왔다. 재영이를 데려가고 나면 적막강산처럼 변하는 아파트에 두 노인만 남아 쓸쓸한 크리스마스이브를 보낼 것 같으니까 기분이라도 좀 내시라고 사들고 온 모양이었다. 둘 다 육순을 넘긴 처지에 날마다 외손자랑 놀며 뒤치다꺼리하기도 바쁘고 힘에 부친데, 크리스마스이브라고 쓸쓸할 겨를이나 있겠냐마는 사위의 마음 씀씀이가 기특했다. 크리스마스이브에 케이크를 보니 옛날 어린 시절 교회당에 몰려가 빵을 얻어먹던 생각도 나고, 개구쟁이들이 배꼽마당에 모여 목청 터져라 불러대던 캐롤들도 아련하게 떠올랐다. 아무리 먹어도 배가 고팠던 그 시절의 악동들은 아무리 눈알을 굴리며 사방을 찾아봐도 먹을 것이라곤 거의 없었다. 그래서 빵이나 떡, 삶은 계란 등을 나눠주는 크리스마스이브나 부활절 같은 날에만 교회당으로 몰려가 독실하게 예수를 믿는 척했다. 항상 배가 고프다는 것 외에는 죄가 없는 아이들이었다. 그 시절 우리가 동네 배꼽마당에 모여 목이 터져라 합창했던 찬송가 109장은 이랬다.

고약한 밤 거북한 밤

어둡고 추운 밤

영감 할망 앉아서

청승떨고 있을 때

손자 놈 잠 안 잔다아~

손자 놈 잠 안 잔다

또 이런 캐롤도 있었던 것 같다.

기쁘다 구제품 나왔네

만백성 줄 서라

(이하 망각)

찬송가 411장은 이렇게 비틀어졌다. 아이고, 이 죗값을 다 어이 할꼬.

예수 사랑할락꼬(하려고) 예비(배)당에 갔더니

내 신 오베갈락꼬(훔쳐가려고) 눈 감아라 카더라

내 신 내놔라 내 신 내놔라 내 신 내놔라

성경에 썼다네

주님, 이 죄인을 용서하소서. 그러나 제 뜻대로는 부디 마옵시고, 오직 주님 뜻대로만 하시옵소서. 아멘. ^^;;

12월 26일 수요일

이제 달포만 지나면 세 살이 되는 재영이가 말을 한 마디씩 열심히 익혀나가고 있다. 내가 무슨 말을 하면 정확한 발음으로 그대로 따라 한다. 아직은 말이 이어지지가 않아 단편적일 뿐이지만, 뜻을 알고 하든 모르고 하든 진짜 말을 하기 시작했다는 것이 중요하다. 그래도 녀석의 입에서 쏟아져 나오는 대부분의 소리는 아직 벌소리를 벗어나지 못하고 있다. 무언가 표현은 하고 싶은데 말이 되지 않으니까 외계인 언어를 마구 지껄여대는데, 거의 소음 수준이다. 오늘도 하도 잘난 척 때때거리기에 내가 "오냐 그래, 니 똥 굵다!" 해버렸더니, 녀석이 그 다음부터는 내 뒤를 졸졸 따라다니며 "굴따! 굴따! 굴따!" 하며 깔깔거렸다. 듣고 있던 아내가 이제 말 배우기 시작하는 외손자한테 잘 가르친다 하며, "재영아, 하찌랑 같이 놀지 마."라고 말했다. 녀석이 '굵다'는 말의 뜻을 벌써 알아차렸을 리는 없겠지만, 그래도 명색 문학을 한다는 외할아버지가 외손자한테 그런 식의 언어 교육을 한다는 것은 좀 아니라는 생각이 들었다. 녀석이야말로 하얀 도화지 같은 상태가 아닌가.

12월 27일 목요일

번역가 20년에 남은 건 치질뿐이라면 좀 한심하게 들리겠지만, 실제로 돌아보니 100여 권의 초라한 역서들 외엔 남은 거라곤 그것밖엔 없다. 내 똥구멍을 한참 들여다본 의사는 "치질이 심해 수술을 해야겠네요."라고 잔뜩 찡그린 얼굴로 말했다. 환자가 너무 많아 점심도 걸렀다는 사람이다. 정말 환자가 너무 많아 점심 먹을 시간조차 없었는지, 아니면 오전 내내 환자들 똥구멍만 들여다봐서 밥맛이 떨어져 점심을 아예 단념해버렸는지 나로서는 얼른 판단이 서지 않았다. 나와 비슷한 연배로 보이는 대머리에 주름살투성이인 그의 찡그린 낯을 대하자 어쩐지 주름살투성이인 내 항문을 빼닮았다는 생각이 맨 먼저 들었다. 강아지를 키우면 생김새나 성질까지도 주인을 꼭 빼닮는다고 하던데, 혹 직업이라는 것도 그런 영향을 인간에게 몰래 미치는 게 아닐까 하는 생각이 얼핏 들었다. 돈은 좀 많이 벌었겠지만 하루 이틀도 아니고 평생 남의 똥구멍만 들여다보며 살아야 하는 그의 팔자가 나보다 그다지 좋아 보이진 않았다. 12월 31일로 수술 날짜가 잡히고 2박 3일 입원해야 한다고 하니, 새해는 대장 항문 전문 병원 병실에서 처량하게 맞이하게 될 모양이다. 그렇지만 뭐, 걸핏하면 폐나 간이나 밥통까지도 싹둑싹둑 잘라내는 요즘 세상에, 심심할 때마다 항문 밖으로 슬금슬금 탈출을 꾀하는 냄새 나는 살점 몇 조각 잘라내는 것이 뭐가 그리 대수랴 싶었다. 좀 아프긴 하겠지만 그 아픔을 즐기는 방법을 지금부터 찾아봐야 할 것 같다. 어떻게 즐길까? 대변을 볼 때마다 "아이, 짜릿짜릿해!"라고 외치는 건 어떨까? 그러면 마누라가 옆에서 듣고 있다가 "아이고, 좋겠다! 아이고, 좋겠다!" 하며 추임새를 넣어주겠지. 어쨌거나 나는 잘라낸 살점만큼 가볍고 날렵해진 몸으로 새해엔 재영이랑 더욱 신나게 뛰어놀 것이다.

12월 31일 월요일

치핵을 잘라냈다. 수술 시간은 15분 내지 20분 정도? 내 몸에서 가장 냄새 나는 부위의 살점을 몇 그램 잘라낸 기분이 어떠냐고? 글쎄, 꼬리 잘린 도마뱀의 심정이라고나 할까. 바닥에 떨어진 물건 하나 주워 올리는 데도 발레리나가 관중에게 인사를 올릴 때처럼 한쪽 다리를 뒤로 쭉 빼고 우아하게 상체를 숙이지 않으면 잘라낸 자리가 아파 쩔쩔매야 한다. 그 바람에 발레를 배운 적도 없는 내 몸이 얼마나 부드럽고 우아하게 움직이는지! 어쨌거나 2박 3일 후 퇴원하면 나는 즉시 재영이를 눈썰매에 태우고 아파트 단지를 돌아다닐 수 있다고 박박 우기고, 아내는 택도 없는 소리 하지 말라고 타박하다가 2012년이 기어이 저물고야 말았다. 그래도 도마뱀처럼 꼬리만 남기고 넘긴 올해보다 내년이 더 즐겁고 행복할 것이라고 나는 믿어 의심치 않는다. 왜냐고? 내년엔 우리 재영이가 아파트 단지 내 어린이집에 입학을 하기 때문이다.

'넌 할 수 있어.'라고 말해 주세요
그럼 우리는 무엇이든 할 수 있지요
짜증나고 힘든 일도 신나게 할 수 있는
꿈이 크고 고운 마음이 자라는 따뜻한 말, 넌 할 수 있어

큰 꿈이 열리는 나무가 될래요

더없이 소중한 꿈을 이룰 거예요

- <'넌 할 수 있어.'라고 말해 주세요>, 곽진영 작사

그래, 재영아. 넌 할 수 있어. 뭐든 할 수 있고말고. 새해에도 아무 탈 없이 무럭무럭 자라 씩씩하게 뛰어놀거라. 하찌랑도 같이 신나게 노올자!

대한민국에서 할아버지로 사는 즐거움
하찌의 육아일기

초판 인쇄 2013년 5월 10일
초판 발행 2013년 5월 20일

지은이   이창식
펴낸이   진영희
펴낸곳   (주)터치아트
출판등록 2005년 8월 4일 제396-2006-00063호
주소   410-837 경기도 고양시 일산동구 백마로 223, 630호
전화번호 031-905-9435 팩스 031-907-9438
전자우편 editor@touchart.co.kr

ISBN 978-89-92914-56-7 13590

* 이 책 내용의 일부 또는 전부를 재사용하려면 반드시 저작권자와
  (주)터치아트의 동의를 얻어야 합니다.
* KOMCA 승인필
* 책값은 뒤표지에 표시되어 있습니다.

* 이 도서의 국립중앙도서관 출판시도서목록(CIP)은
  e-CIP 홈페이지(http://www.nl.go.kr/ecip)에서
  이용하실 수 있습니다.(CIP제어번호: CIP2013005092)